Bibliographische Information der Deutschen Nationalbibliothek:

Die Deutsche Nationalbibliothek verzeichnet diese Publikation in der Deutschen Nationalbibliographie; detaillierte bibliographische Daten sind im Internet über http://dnb.ddb.de abrufbar.

Verlag Traugott Bautz GmbH, 99734 Nordhausen, 2006
ISBN 978-3-88309-366-6

Uwe Czubatynski

Verein und Geld

Ein Ratgeber für die Vermögensverwaltung
von gemeinnützigen Vereinen und Stiftungen

1. Auflage

Verlag Traugott Bautz
Nordhausen 2006

Inhaltsverzeichnis

Vorwort

Wer sich dazu entschließt, Verantwortung in einem Verein zu übernehmen, wird alsbald merken, daß eine solche Tätigkeit einen beträchtlichen Einsatz von Zeit erfordert. Von vielen Neueinsteigern wird freilich das Ausmaß der erforderlichen Mitarbeit zunächst unterschätzt. Die Erfahrung lehrt jedenfalls, daß in aller Regel die Arbeit an einem sehr kleinen Kreis von aktiven Mitstreitern hängenbleibt. Die überwiegende Zahl der Mitglieder sieht sich eher in der Rolle passiver Sympathisanten und Nutznießer, die sich in erster Linie durch die alljährliche Zahlung eines Mitgliedsbeitrags beteiligen.

Über diese Struktur, die sich in den großen Kirchen ebenso wie in allen denkbaren Initiativen wiederfindet, mag man sich ärgern oder freuen – zu ändern ist diese quasi abgestufte Mitgliedschaft wohl nur selten. Während die bloße Mitgliedschaft die Freiheit läßt, sich mehr oder weniger aktiv am Vereinsleben zu beteiligen, erfordert die Mitarbeit im Vorstand in aller Regel eine besondere Motivation für die Sache. Von diesem harten Kern hängt es ab, ob die Zwecke des Vereins wirkungsvoll und nachhaltig durchgesetzt werden können. Dies gilt um so mehr, als die investierte ehrenamtliche Arbeit nicht im üblichen Sinne entlohnt wird.

Diese Tatsache bedeutet aber natürlich nicht, daß die betreffenden Personen auf professionelle Kenntnisse verzichten könnten. Eine stattliche Reihe von Ratgebern hilft inzwischen den Verantwortlichen bei ihrer Arbeit. Die zunehmende Fülle der Literatur hängt ganz offensichtlich damit zusammen, daß einerseits die Anzahl gemeinnütziger Organisationen immer noch im Wachsen begriffen ist, andererseits aber auch das Steuerrecht häufigen Änderungen unterworfen ist und an mangelnder Verständlichkeit leidet. Das vorliegende Buch behandelt bewußt nur einen kleinen Ausschnitt der sehr komplexen rechtlichen Rahmenbedingungen. Grundsätzliche Fragen der Gemeinnützigkeit werden ebensowenig berührt wie zum Beispiel Fragen der Spendenverwaltung. Dafür wurde versucht, die Anwendung der steuerrechtlichen und stiftungsrechtlichen Vorschriften durch konkrete Rechenbeispiele zu erläutern.

Zur Niederschrift gedrängt haben mich eigene Erfahrungen, die weiter unten näher beschrieben sind. Zudem war es eine gewisse Neugierde, sich auf einem anderen als dem erlernten Fachgebiet zu bewegen. Der Text ist bewußt in allgemeinverständlicher Form und ohne Anmerkungen geschrieben. Die vor jedem Kapitel eingefügten Literaturhinweise geben allerdings dem Interessenten genügend Material an die Hand, sich eingehender mit dieser oder jener Problematik zu befassen. Das Literaturverzeichnis versucht mit möglichst aktuellen und genauen Angaben, die wichtigsten Veröffentlichungen aufzulisten. Mit voller Absicht wurden auch einige ältere Bücher aufgenommen, die man meines Erachtens auch heute noch mit Nutzen lesen kann. Insofern kann das Ziel der vorliegenden Abhandlung nur darin bestehen, Interesse an der Materie zu wecken und eine Anleitung für eigenverantwortliche Entscheidungen zu geben.

Gleichwohl beanspruchen die Ausführungen, wenigstens an einigen Punkten mehr als eine bloße Kompilation zu sein. Dies gilt insbesondere für die Art und Weise der Fondsanalyse und die Überlegungen zur Kapitalerhaltung bei Stiftungen. Eine Haftung für den Inhalt kann der Verfasser aus verständlichen Gründen nicht übernehmen. Die Ausführungen sind also trotz aller Sorgfalt weder im steuerrechtlichen Sinne verbindlich, noch dürfen sie als konkrete Anlageberatung verstanden werden. In Zweifelsfällen sollte unbedingt fachlicher Rat eingeholt werden. Aus Gründen der Vereinfachung ist in den nachfolgenden Kapiteln meistens von Vereinen die Rede. Die Ausführungen gelten jedoch im Prinzip ebenso für andere gemeinnützige Institutionen.

Wenn der eine oder andere genervte Schatzmeister nützliche Hinweise für seine Arbeit findet, ist der Zweck dieser Abhandlung erfüllt. Möglicherweise sind die Überlegungen ja auch eine Anregung für die ganz persönliche Geldanlage und Altersvorsorge. Bei all diesen Bemühungen sollte jedoch nicht vergessen werden, daß nicht der Eigennutz, sondern die gemeinnützige Verwendung der Mittel das Ziel darstellt. Für Hinweise, die zur Weiterentwicklung dieser kleinen Schrift beitragen, bin ich jederzeit dankbar.

Verwendete Abkürzungen:

AO	Abgabenordnung
AEAO	Anwendungserlaß zur Abgabenordnung
BGB	Bürgerliches Gesetzbuch
ex	ausschüttend (bei Fonds)
thes.	thesaurierend (bei Fonds)
WKN	Wertpapierkennnummer

1 Einleitung

1.1 Sinn und Zweck dieses Ratgebers

Literatur: Werner 2000. Hennerkes / Schiffer 2001. Badelt 2002. Menges 2004. Ott 2005.

Gemeinnützige Organisationen spielen in unserer Gesellschaft eine herausragende Rolle, und aller Voraussicht nach wird ihre Bedeutung weiter zunehmen. Nach der letzten Erhebung des Bundesverbandes deutscher Vereine und Verbände e. V. gab es im Jahre 2005 in der Bundesrepublik 594.277 eingetragene Vereine. Innerhalb von vier Jahren, also im Vergleich zu 2001, war eine Zunahme von 9,1 % zu verzeichnen. In dieser gewaltigen Zahl sind andere Formen von Zusammenschlüssen, Interessengruppen und Arbeitsgemeinschaften noch nicht einmal mitgezählt. Millionen von Menschen bringen also erhebliche Opfer an Zeit, Geld und Sachverstand ein, um die Arbeit „ihres“ Vereins zu ermöglichen.

In Anbetracht dieser Zahlen wird man also nicht ohne weiteres behaupten können, daß unsere gegenwärtige Gesellschaft nur aus Egoisten bestehen würde. Die oft mit großem Engagement geleistete ehrenamtliche Tätigkeit erfreut sich zu Recht inzwischen auch einer angemessenen Wertschätzung in der Öffentlichkeit. Jeder, der auf seine Weise zum Gemeinwohl beiträgt, wird durch diese Anerkennung in gewisser Weise für seine Mühe entschädigt. Einer der wichtigsten Zwecke von Vereinen dürfte die Bündelung gemeinsamer Interessen sein. Hinzu kommt der Austausch mit Gleichgesinnten, der ein gewisses Gegengewicht zur immer weiter anonymisierten und spezialisierten Arbeitswelt darstellt.

Die große Anzahl gemeinnütziger Organisationen, die jüngst auch unter der neudeutschen Abkürzung „NPO“ (non-profitorganisation) zusammengefaßt werden, verwundert im Grunde genommen nicht. Sie übernehmen inzwischen zahlreiche Aufgaben, die die öffentliche Hand aufgrund knapper Finanzen nicht mehr abdecken kann oder will. In geradezu klassischer Weise ist ihr Zweck folgendermaßen beschrieben worden: „Gemeinnützige Körperschaften zeichnen sich dadurch aus, dass sie in Ergänzung zu dem staatlichen Angebot auf neuen Tätigkeitsfeldern das Gemeinwesen weiterentwickeln." (Schauhoff 2005, S. 603).

Außerdem bietet der durch das Bürgerliche Gesetzbuch nur in groben Umrissen reglementierte Verein einen sehr großen Gestaltungsspielraum, so daß für die verschiedensten Interessen eine geeignete Organisationsform geschaffen werden kann. Die weitere Zunahme von Vereinen zeigt überdies, daß generell mehr Freizeit zur Verfügung steht, als es in früheren, weniger technisierten Epochen der Fall war. Ohne eine soziologische Analyse betreiben zu wollen, darf sicherlich behauptet werden, daß die Vereine auch oder gerade in einer Mediengesellschaft für eine sinnvolle Freizeitgestaltung unverzichtbar sind. Die interessante Frage, welche gesellschaftlichen Schichten sich vorrangig in welchen Vereinen engagieren, kann hier nicht beantwortet werden.

Freilich läuft die Arbeit weder in großen noch in kleinen Vereinen gänzlich ohne Geld. Es gibt nicht wenige Zeitgenossen, die sich darüber ärgern, in welchem Maße inzwischen das liebe Geld unsere Lebenswelt in allen Bereichen bestimmt. Daß dies längst eine Tatsache geworden ist, läßt sich nicht bestreiten. Um so mehr stellt sich allerdings die Frage, was mit dem Geld getan wird. Es ist in unserem reichen Land ohne Zweifel genügend vorhanden. Lediglich über die Verteilung des Geldes läßt sich trefflich streiten. Jeder wird aber zunächst für sich allein entscheiden müssen, ob er das Geld als ein notwendiges Übel ansieht, oder ob es nicht als geniale Erfindung zu betrachten ist, ohne die ein zivilisiertes Leben schlechterdings unmöglich ist. Wer das Geld als die Quelle alles Bösen betrachtet, sollte jedenfalls auch ehrenamtlich keine Position übernehmen, in der er entsprechende Verantwortung zu tragen hat.

Geld hat meines Erachtens auch für gemeinnützige Organisationen eine positive Steuerungsfunktion. Es zwingt zu rechtzeitiger Planung, wenn denn die Ziele des Vereins erreicht werden sollen. Dazu müssen, ohne daß hier die einzelnen Wege betrachtet werden können, die notwendigen Mittel beschafft werden. Geldmangel signalisiert hingegen in erster Linie, daß die Zielvorstellungen entweder in utopischer Weise übertrieben waren oder aber nicht auf das Interesse einer größeren Öffentlichkeit stoßen. In zweiter Linie deutet ein solcher Zustand natürlich auch auf eine zumindest ungeschickte Arbeit des Vorstands hin. Der finanzielle Status einer Organisation ist daher ein heilsames Korrektiv, das immer von neuem auch zum Nachdenken über die Inhalte zwingt. Die Finanzverwaltung einer gemeinnützigen Organisation ist darum keine Pfennigfuchserei und kein langweiliges Zahlenspiel, sondern eine zentrale Aufgabe, die mit aller Sorgfalt behandelt werden muß.

Nach wie vor scheint es jedoch einen hohen Aufklärungsbedarf zu geben, wenn es um die Vereinsfinanzen geht. Nicht selten hat sich zum Beispiel die landläufige Meinung herausgebildet, daß ein gemeinnütziger Verein kein Vermögen besitzen dürfe. Auch habe ich selbst erlebt, daß Mitarbeiter einer Sparkasse der Meinung waren, daß ein Verein keine Wertpapiere erwerben dürfe. Ursache für diese irrigen Annahmen ist vermutlich das sogenannte Gebot der zeitnahen Mittelverwendung. Daß es trotzdem legale Möglichkeiten gibt, Geld anzusammeln, wird weiter unten zu zeigen sein. Ein nicht unwesentlicher Grund für solche Irrtümer ist ferner das enorm komplizierte Steuerrecht, von dem auch und gerade gemeinnützige Vereine nicht verschont werden. Inzwischen gibt es jedoch neben voluminösen Nachschlagewerken eine Reihe preiswerte, aber auch inhaltlich hervorragende Handbücher, die zuverlässig und aktuell über das Vereins- und Stiftungsrecht, das Steuerrecht und andere Fachgebiete informieren.

Diesen Werken kann und soll mit dieser Abhandlung keineswegs Konkurrenz gemacht werden. Die vorliegende Schrift behandelt nur einen kleinen Ausschnitt der umfangreichen Thematik, der in der bisherigen Literatur offenbar zu kurz kommt oder gar nicht in den Blick genommen wird. Versucht werden soll lediglich, zwei Fachbereiche miteinander ins Gespräch zu bringen, die in der Regel nicht in ein und demselben Handbuch abgehandelt werden, nämlich das Steuerrecht auf der einen Seite und die Vermögensverwaltung auf der anderen Seite. Insofern entspringt dieser Ratgeber nicht nur einem theoretischen Interesse am Thema Geld, sondern auch einer praktischen Notwendigkeit. Selbstverständlich können die hier angestellten Überlegungen weder Patentlösungen für alle denkbaren Konstellationen anbieten noch sich in die Details der Rechtsprechung vertiefen. Sie wollen vor allem zu einem nachhaltigen Wirtschaften anleiten und zumindest Denkanstöße geben.

1.2 Fallbeispiel Geschichtsverein

Literatur: Mitteilungen 1 (2001) ff. Sauer / Luger 2004, S. 1 - 15 (Besteuerung).

Der Verein für Geschichte der Prignitz e. V., dessen Erfahrungen den nachfolgenden Ausführungen zugrundeliegen, kann im Gegensatz zu vielen anderen Geschichtsvereinen nicht auf eine lange Tradition zurückblicken. Er wurde erst am 9. September 1999 gegründet und hat seinen formellen Sitz in der Stadt Perleberg. Laut Satzung hat sich der gemeinnützige Verein zum Ziel gesetzt, die Geschichte der Prignitz wissenschaftlich zu erforschen und die Ergebnisse der Öffentlichkeit zugänglich zu machen. Trotz fehlender Vorgängerinstitutionen ist es gelungen, innerhalb weniger Jahre den Kreis von 12 Gründungsmitgliedern auf inzwischen 101 (davon elf korporative) Mitglieder zu erweitern. Dies ist insofern als Erfolg zu werten, als in einer sehr dünn besiedelten, ländlich geprägten und wirtschaftlich schwach entwickelten Region der potentielle Kreis von Interessenten begrenzt ist.

Neben Exkursionen und Vorträgen hat es sich der Verein zur Hauptaufgabe gemacht, einmal jährlich eine Zeitschrift herauszugeben, die wissenschaftlichen Ansprüchen genügt. Auch dieses Vorhaben konnte, zunächst mit relativ bescheidenem Umfang, seit 2001 verwirklicht werden. Hierbei war von vornherein klar, daß ein solches Publikationsorgan keine breite Leserschaft finden würde, zumal das eher volkstümliche und heimatkundliche Interesse durch andere Printmedien bedient wird. Es war folglich davon auszugehen, daß die neu gegründete Zeitschrift gleichsam eine Nischenexistenz führen würde. Die Trägerschaft eines Vereins war daher unabdingbar, weil die Herausgabe auf dem freien Markt an der vergleichsweise geringen Zahl von Interessenten mit Sicherheit scheitern würde oder zu exorbitanten Preisen geführt hätte.

Aus den geschilderten Gründen werden die „Mitteilungen" im Selbstverlag des Vereins vertrieben. Die Zeitschrift ist daher nicht über den Verlagsbuchhandel erhältlich und erfordert einen nicht unerheblichen Aufwand bei der Distribution in Eigenregie des Vereins. Der Nachteil mangelnder Präsenz im Buchhandel ist jedoch insofern akzeptabel, als der Abnehmerkreis relativ klar definiert ist und direkt bedient werden kann. Von Anfang an wurde ferner darauf hingearbeitet, einschlägige wissenschaftliche Bibliotheken mit der Zeitschrift zu versorgen. Inzwischen wurde auch hier erreicht, daß der Titel in allen Leihverkehrsregionen der Bundesrepublik zugänglich ist. Die Auflagenhöhe (bis Jahrgang 4 je 200, Jahrgang 5 = 250 Exemplare, Jahrgang 6 = 275 Exemplare) wurde bewußt sehr niedrig gehalten, um nicht Restexemplare jahrelang horten zu müssen. Bis 2004 wurde für die Setzarbeiten teilweise die Hilfe einer Druckerei in Anspruch genommen. Durch die immer weiter fortschreitenden Möglichkeiten der Datenverarbeitung war es ab Band 5 möglich, die Satzvorlage in Form einer PDF-Datei vollständig selbst zu erstellen und in einer Digitaldruckerei vervielfältigen zu lassen. Auf diese Weise wurde, die ehrenamtlich geleisteten Vorarbeiten nicht mit eingerechnet, eine äußerst kostengünstige Lösung gefunden. Die fertige Satzvorlage war auch seit 2005 die Ausgangsbasis dafür, daß die Zeitschrift neben der gedruckten Ausgabe auch als elektronische Ressource komplett im Internet zur Verfügung steht.

Da die Herausgabe der Zeitschrift das wichtigste Mittel darstellt, um den Zweck des Vereins zu erfüllen, ist diese Tätigkeit in gemeinnützigkeitsrechtlicher Hinsicht als Zweckbetrieb einzustufen. In Kapitel 4 soll noch einmal ein genauerer Blick auf die Einnahmen und Ausgaben dieses Vereins geworfen werden. Über dieses konkrete Beispiel hinaus sind nun die Besteuerungsgrenzen zu beachten, die für vergleichbare Tätigkeiten von Belang sind. Betrachtet werden soll an dieser Stelle nur die Frage der Körperschaftssteuer und der Umsatzsteuer. Die

Frage der Zinsabschlagsteuer kann insofern unberücksichtigt bleiben, weil sich der Verein davon befreien lassen kann, sofern die etwaigen Zinsgewinne dem steuerfreien Bereich der Vermögensverwaltung zuzuordnen sind. Die Vereinsorgane müssen in diesem Falle dafür sorgen, der Bank rechtzeitig eine beglaubigte Kopie der vorläufigen Anerkennung oder des letzten Freistellungsbescheids oder aber eine Nichtveranlagungsbescheinigung vorzulegen.

Von der Körperschaftssteuer sind gemeinnützige Vereine solange befreit, wie ihre Einnahmen aus wirtschaftlichen Geschäftsbetrieben die Freigrenze von 30.678,- € nicht übersteigen. Die Einnahmen des ideellen Bereichs, der Vermögensverwaltung und der Zweckbetriebe sind dagegen nicht steuerpflichtig. Anders verhält es sich bei der Umsatzsteuer, bei der sowohl die Einnahmen der Vermögensverwaltung als auch der Zweckbetriebe mit einbezogen werden. Die Erhebung der Umsatzsteuer unterbleibt, wenn die steuerpflichtigen Umsätze des Vorjahres nicht mehr als 17.500,- € betragen haben. Ein Verein wird also gut daran tun, diese Freigrenzen zu beachten. Auf diese Weise wird er sich viel zusätzliche Mühe und Arbeit ersparen. Natürlich wird das nur dann gelingen, wenn sich die Aktivitäten insofern in Grenzen halten, als der Verein keine größeren Immobilien zu verwalten hat und keine eigenen Arbeitskräfte beschäftigt. Da dies, wie in dem oben geschilderten Fall des Geschichtsvereins, für zahlreiche Vereine zutreffen wird, kann auf die Anführung der Berechnungsgrundlagen und Ausnahmetatbestände für die einzelnen Steuerarten verzichtet werden.

2 Die Bildung von Rücklagen

Literatur: Menges 2004, S. 155 - 162. Sauer / Luger 2004, S. 185 - 187. Wallenhorst / Halaczinsky 2004, S. 125 - 138. Schauhoff 2005, S. 587 - 595.

Es versteht sich von selbst, daß ein Verein zunächst über eine gewisse Grundausstattung an finanziellen Mitteln verfügen muß, bevor an die Ansammlung von Rücklagen gedacht werden kann. Im Regelfall wird ein neu gegründeter Verein über kein Vermögen verfügen und daher eine gewisse Aufbauphase durchlaufen müssen. Die rechtlichen Möglichkeiten der Rücklagenbildung sind relativ klar definiert. Dennoch besteht ein erheblicher Spielraum, wie und wofür diese Möglichkeiten genutzt werden können. Die nachstehenden Ausführungen sollen jedenfalls verdeutlichen, daß der Umgang mit Rücklagen ein hilfreiches Instrument sein kann, um die Zwecke des jeweiligen Vereins in die Tat umzusetzen. Allerdings erfordert die Rücklagenbildung einen erhöhten Verwaltungsaufwand sowohl bei der Verwahrung des Geldes als auch bei der Rechnungslegung. Dennoch sollte die Arbeit mit Rücklagen von Anfang an als eine dauerhafte und sinnvolle Betätigung begriffen werden.

Die Ansammlung von Vermögen darf allerdings nie zum Selbstzweck werden, da ein Verein, wie er hier beschrieben ist, dadurch den Boden der Gemeinnützigkeit verlassen würde. Rücklagen sind daher nur eine Ausnahme von dem grundlegenden Gebot der zeitnahen Mittelverwendung. Alle Rücklagen sind ferner gesondert auszuweisen (siehe unten AEAO Nr. 27 zu § 55 AO). Dies sei schon vorab erwähnt, weil augenscheinlich viele Vereine aus Unkenntnis oder Bequemlichkeit gegen diese Regel verstoßen. In der Konsequenz bedeutet diese Vorschrift, daß die Jahresrechnung eines Vereins theoretisch mit einer Null abschließen muß. Strenggenommen geht es also nicht an, daß am Ende der Jahresrechnung ohne weiteren

Kommentar zum Beispiel ein Bestand des Girokontos von 1.500,- € ausgewiesen wird. Ein solcher Bestand darf zwar durchaus vorhanden sein, weil es unmöglich ist, Einnahmen und Ausgaben so genau zu steuern, daß am Jahresende kein Cent mehr übrigbleibt. Ein solches Verfahren würde schließlich eine zumindest zeitweise Zahlungsunfähigkeit des Vereins zur Folge haben. Es muß aber erkennbar sein, wie der vorhandene Bestand steuerrechtlich zu qualifizieren ist. Eine entsprechende Aufgliederung könnte also, eine korrekte Berechnung der freien Rücklage vorausgesetzt, folgendermaßen aussehen:

Bestand Giro am 31.12.2005: .... 1.508,25 €

davon:

Projektrücklage Buchveröffentlichung.............. 1.000,00 €
Freie Rücklage aus 2005 .... 150,00 €
Mittelvortrag nach 2006 .... 458,25 €

Wer es sich einfacher machen will, könnte ebenso gut den gesamten Bestand von 1.508,25 € als Mittelvortrag deklarieren. Dies hat allerdings zur Folge, daß diese Summe im darauffolgenden Jahr auch tatsächlich verbraucht werden muß. Im obigen Beispiel muß jedoch die freie Rücklage überhaupt nicht verbraucht werden, während die Projektrücklage, wenn denn das Projekt so geplant ist, noch zwei oder drei Jahre liegenbleiben kann. Es ist also im Grunde genommen unmöglich, generelle Regeln aufzustellen. Vielmehr kommt es auf die Umstände des Einzelfalles an, wie am sinnvollsten verfahren werden kann.

2.1 Drei Gründe zur Rücklagenbildung

a) Das demographische Risiko

Das zugrundeliegende Problem ist aus der aktuellen Diskussion über die Sicherung der Sozialsysteme hinlänglich bekannt. Das durch bessere Arbeitsbedingungen und eine perfektionierte Gesundheitsfürsorge immer weiter steigende Durchschnittsalter der Bevölkerung bringt alle Finanzierungsmodelle in eine bedenkliche Schieflage, die auf dem Umlagesystem beruhen. In welcher Weise sind nun Vereine und ähnliche Institutionen von den demographischen Veränderungen betroffen? Zunächst haben, wie bereits erwähnt, gemeinnützige Einrichtungen sehr wesentlich profitiert von der dem Durchschnitt der Bevölkerung zur Verfügung stehenden größeren Menge an Freizeit. Gerade solche Personen, die sich schon im Ruhestand befinden, ihre Erfahrungen aber in eine sinnvolle Arbeit einbringen wollen, sind ein entscheidendes Potential für die Vereinsarbeit. Es wundert daher nicht, wenn diese Spezies aktiver Senioren eine heiß umworbene Zielgruppe geworden sind.

Andererseits werden jedoch die meisten Organisationen nach einer gewissen Zeit ihrer Existenz vor der Tatsache stehen, daß sich die Mitgliederzahl nicht in beliebiger Weise erhöhen läßt. Auch trotz guter Werbemaßnahmen macht sich eine Obergrenze bemerkbar, die nicht mehr ohne weiteres übersprungen werden kann. Da sich auch die Mitgliedsbeiträge nicht willkürlich erhöhen lassen, ohne daß Mitgliedschaften gekündigt werden, ist auch auf der Einnahmeseite die Summe der Mitgliedsbeiträge begrenzt. Zudem sind viele Organisationen, spiegelbildlich zur gesamten Gesellschaft, von einer gewissen Überalterung betroffen. Dies dürfte zumindest dort der Fall sein, wo die Organisation nicht nur reinen Freizeitzwecken dient und den gerade herrschenden Lifestyle bedient. Zahlreichen altehrwürdigen Körperschaften fällt es offenkundig schwer, genügend junge Menschen zu binden und auf diese Weise für Nachwuchs zu sorgen. Dies liegt wohl in erster Linie nicht in der Unfähigkeit der Vereine begründet, sondern hängt offensichtlich mit einer veränderten Lebensart zusammen. Schon lange läßt sich das Phänomen beobachten, daß sich die nachwachsenden Generationen nur ungern an Institutionen jeglicher Couleur dauerhaft binden lassen. Daß Parteien, Gewerkschaften und Kirchen gleichermaßen vor diesem Problem stehen, deutet eben auf ein generell verändertes Verhaltensmuster hin. Die unendliche Vielfalt organisierter Interessen und möglicher Freizeitbeschäftigungen trägt überdies zu einer Fragmentierung der Gesellschaft bei, der sich auch die gemeinnützigen Organisationen nicht entziehen können.

Für die Vereine bedeutet dies, rechtzeitig der Tatsache ins Auge zu blicken, daß sie nach menschlichem Ermessen in Zukunft mit stagnierenden oder sogar rückläufigen Mitgliederzahlen rechnen müssen. In verstärktem Maße machen sich diese Effekte bemerkbar, wenn die allgemeine wirtschaftliche Lage schwierig ist. Es versteht sich von selbst, daß unter solchen Umständen auch das Einwerben von Spendenmitteln äußerst mühsam wird. Besonders betroffen sind Organisationen in solchen Regionen, die ohnehin unter Abwanderung leiden und auch in wirtschaftlicher Hinsicht als strukturschwach gelten. Das Potential eines aktiven und hinreichend gebildeten Publikums ist in solchen Fällen alsbald erschöpft. Es entsteht nicht ohne Grund der Eindruck, daß immer dieselben Personen sich an verschiedenen Stellen betätigen. Die zeitliche Überlastung solcher Vorkämpfer ist dann eine unvermeidbare Folge. Im schlechtesten Fall treten verschiedene Organisationen, die sich eigentlich alle dem Gemeinwohl verschrieben haben, in eine heimliche oder offene Konkurrenz. In dem Wahn, sich selbst profilieren zu müssen, wird mit einer immer größeren Zahl von Veranstaltungen um die Gunst des Publikums geworben. Daß dies ein Irrweg ist, zeigt sich spätestens dann, wenn sich das

Niveau im Sinkflug befindet und die Mitwirkenden – hauptamtlich oder ehrenamtlich – objektiv überlastet sind.

Mit diesen Hinweisen soll freilich nicht der Teufel an die Wand gemalt werden. Im günstigsten Fall führen die geschilderten Zwänge zu einer besseren Zusammenarbeit. Allerdings lehrt die Erfahrung, daß selbst auf örtlicher Ebene die Koordination oft nur ganz unzureichend funktioniert. In Zeiten schrumpfender Ressourcen führt aber eigentlich kein Weg daran vorbei, daß sich die verschiedenen Initiativen gegenseitig nicht nur zur Kenntnis nehmen, sondern sich nach Möglichkeit wechselseitig fördern sollten. Die Mentalität der Besitzstandswahrung oder der eigenen Traditionspflege wird jedenfalls nicht dazu beitragen, neue Möglichkeiten auszuloten. Ausschlaggebend ist hier zunächst der gute Wille aller Beteiligten und nicht die finanzielle Potenz. Der Zwang zur Zusammenarbeit wird schließlich auch dazu beitragen, die eigenen Ziele zu überdenken und gegebenenfalls den aktuellen Erfordernissen anzupassen. Wenn eine solche Diskussion beizeiten angestoßen wird, trägt sie mit großer Wahrscheinlichkeit dazu bei, künftiges Konfliktpotential abzubauen.

Schließlich muß daran erinnert werden, daß die öffentliche und die inhaltliche Wirksamkeit eines Vereins nicht ohne weiteres an der Mitgliederzahl festgemacht werden kann. Es ist zwar nicht zu bestreiten, daß eine hohe Mitgliederzahl eher die Aufmerksamkeit von Medien und sonstiger Öffentlichkeit auf sich zieht als eine sehr geringe. Durch eine professionelle und aktive Arbeit kann allerdings auch eine zahlenmäßig kleine Vereinigung Bedeutendes erreichen. Insofern kommt es regelmäßig nicht nur darauf an, Werbung nach außen zu betreiben, sondern auch nach innen die Möglichkeiten auszuschöpfen und verborgene Talente zur Mitarbeit zu animieren.

In finanzieller Hinsicht bedeutet dies, daß der Verein bestrebt sein sollte, das Umlagesystem (Mitgliedsbeiträge) durch ein kapitalgedecktes System (freie Rücklagen) zu ergänzen. Es versteht sich von selbst, daß dieses Ziel, ähnlich wie bei dem großen Thema der Altersvorsorge, nur ganz allmählich verwirklicht werden kann. Deshalb ist an dieser Stelle bewußt von einer Ergänzung die Rede und nicht von einem Ersatz der einen Säule durch die andere. Nur sehr wenige Organisationen, abgesehen von Stiftungen, werden in der glücklichen Lage sein, durch eine großzügige Schenkung oder eine entsprechende Erbschaft plötzlich in den Genuß eines größeren Vermögens zu kommen. Da der Aufbau von Rücklagen aber durch das Steuerrecht mit erheblichen Restriktionen verbunden ist, wird im Regelfall ein langer Atem notwendig sein. Zunächst kommt es jedenfalls darauf an, die Aufgabe als solche zu begreifen.

b) Das Inflationsrisiko

Was die Inflation bewirkt und bedeutet, weiß jeder Verbraucher aus eigener Erfahrung. Die schleichende Geldentwertung hat auf den meisten Gebieten einen kontinuierlichen Anstieg der Preise zur Folge. Die Inflation als solche kommt den Schuldnern, allen voran dem Staat zugute, da de facto der reale Wert des geschuldeten Betrages im Laufe der Zeit sinkt. Allen Sparern hingegen raubt die Inflation einen Teil der angelegten Mittel. Da Vereine und insbesondere Stiftungen in aller Regel aber als Kapitalanleger und nicht als Kreditnehmer in Erscheinung treten, stehen sie in gewisser Weise immer auf der Verliererseite. Ein völliges Vermeiden von Inflation scheint indes in einer Marktwirtschaft weder möglich noch wünschenswert zu sein. Das Verderbliche ist freilich das beständige Fortschreiten der Geldentwertung im Verborgenen. Jeder Sparer freut sich zwar über die Zinsen seiner Rücklagen, doch nur sehr wenige werden konsequent die Inflationsrate dagegenrechnen.

Auch wenn im alltäglichen Leben die Geldentwertung nur selten bewußt wird, spielt sie über längere Zeiträume hinweg eine sehr erhebliche Rolle. Dies gilt auch dann, wenn es durch den sogenannten Stabilitätspakt in Europa gelingen sollte, die Inflationsrate dauerhaft unter der angestrebten Grenze von 2 % zu halten, die im Vergleich mit dem langjährigen Durchschnitt sehr niedrig angesetzt ist. In welchem Maße sich der Kaufkraftverlust bemerkbar macht, läßt sich am ehesten demonstrieren, wenn ein Sparer für seine eigene Altersvorsorge kalkuliert. Selbst wenn er mit einer realistischen Verzinsung seines Kapitals rechnet, wird er dennoch sein Ziel weit verfehlen, sofern er die Inflation unberücksichtigt läßt. Ein relativ simples Rechenbeispiel führt diesen Effekt vor Augen:

Ein Arbeitnehmer oder Beamter, heute 37 Jahre alt, hat sich zum Ziel gesetzt, mit 62 Jahren in den Ruhestand zu gehen. Er hat folglich noch ein Arbeitsleben von 25 Jahren vor sich. Wenn er aus dem Beruf ausscheidet, möchte er aus seinen Ersparnissen zusätzlich zu seiner Rente oder Pension monatlich 1.000,- € (nach heutiger Kaufkraft!) zur Verfügung haben. Eine solche Annahme dürfte durchaus realistisch sein, sofern er keine gravierenden Einschnitte in seinen Lebensstandard hinnehmen will. Dazu benötigt er als Ausgangsbasis ein Kapital von 100.000,- €. Wenn er dies regelmäßig um 4,5 % pro Jahr, sei es durch Zinsen oder sei es durch weitere Ersparnisse vermehrt, hat er nach 25 Jahren ungefähr ein Kapital von 300.000,- € zur Verfügung. Wenn dies, um eine vorsichtige Annahme zugrunde zu legen, dann mit 4 % verzinst wird, hat er 12.000,- € im Jahr oder 1.000,- € pro Monat zur Verfügung (eine eventuelle steuerliche Belastung bleibt hier unberücksichtigt). Diese quasi private Zusatzrente hat er beliebig lange zur Verfügung, da das Kapital nicht aufgebraucht wird.

Wer also in dieser glücklichen Lage sein sollte, wird sich beizeiten Gedanken darüber machen müssen, was mit jenem Geld nach seinem Tode geschehen soll. Nebenbei sei zu dieser Streitfrage der Altersvorsorge bemerkt, daß dieses Sparen in Eigenregie neben dem jederzeitigen Überblick einen ganz entscheidenden Vorteil hat: Das angesparte Kapital kann nämlich, anders als bei staatlich geförderten oder nicht geförderten Rentenpolicen, vererbt oder anderweitig darüber testamentarisch verfügt werden. Damit soll nicht gesagt werden, daß die solidarisch finanzierte Rente entbehrlich ist. Allerdings kann, und das gilt wohl für alle Fälle von Geldanlagen, eine Einheitslösung nicht der Stein der Weisen sein. Vielmehr kommt es auf eine genaue Betrachtung des Einzelfalles an.

Dieses schlichte Rechenexempel führt freilich in die Irre, da die fatale Wirkung der Inflation nicht mit einkalkuliert worden ist. Eine zuverlässige Prognose über die künftige Höhe der Inflationsrate läßt sich verständlicherweise nicht abgeben. Geht man aber davon aus, daß diese in der Bundesrepublik im langjährigen Durchschnitt etwa 2,5 % betrug, so stellen sich die notwendigen Berechnungen ganz erheblich anders dar. Wenn ein realer Zuwachs der Ersparnisse von jährlich 4,5 % erforderlich ist, müssen tatsächlich aber 7 % erwirtschaftet werden, um den Kaufkraftverlust auszugleichen. Die benötigte Endsumme beträgt dann nicht mehr 300.000,- €, sondern stattliche 542.743,- €. Je nach Entwicklung und Verlauf der Inflationsrate kann der tatsächliche Betrag natürlich höher oder niedriger liegen. Während in der Periode von 1965 bis 1984 die durchschnittliche Inflationsrate oberhalb von 4 % lag, betrug sie in dem Jahrzehnt 1995 bis 2004 im Schnitt nur knapp 1,5 %. Es empfiehlt sich daher eine jährliche Kontrolle, die in einfacher Form möglich ist und so aussehen könnte:

Bedarf 37. Lebensjahr: 100.000,- €
Bedarf 38. Lebensjahr: 4,5 % + 1,1 % Inflation: 105.600,00 €
Bedarf 39. Lebensjahr: 4,5 % + 1,6 % Inflation: 112.041,60 €
Bedarf 40. Lebensjahr: 4,5 % + 2,0 % Inflation: 119.324,30 €

Eines der grundsätzlichen Probleme besteht darin, daß sich die meisten Menschen nicht der Mühe unterziehen werden, regelmäßig solche Berechnungen anzustellen. Selbstverständlich ist es bequemer, sein Geld den Versicherungen in den Rachen zu werfen. Daß deren professionelle Arbeit auch in Zukunft benötigt wird, steht außer Frage. Dennoch, und das kann nicht oft genug betont werden, wird die Eigenverantwortung wachsen müssen. Das setzt eine gehörige Portion Selbstdisziplin voraus, die in anderen Lebensbereichen offenbar immer noch viel selbstverständlicher praktiziert wird, als auf finanziellem Gebiet. Diese Eigenverantwortung gilt nicht zuletzt auch für Vereine und Stiftungen. Wenngleich bei Vereinen wohl nur selten eine so langfristige Planung möglich und nötig ist, so ist doch für alle kapitalgedeckten Unternehmungen die kontinuierliche Berücksichtigung der Inflation geradezu überlebensnotwendig.

Als Maßstab der Inflation lassen sich sehr verschiedene Wirtschaftsbereiche heranziehen. Die Höhe der Inflationsrate kann daher erheblich differieren, je nachdem man die Erzeugerpreise, Wohnungsmieten, Löhne, Energiepreise oder die Preise für Nahrungsmittel zugrundelegt. Diese differenzierte Betrachtung einzelner Sektoren der Volkswirtschaft dürfte allerdings relativ belanglos sein, wenn es um den Erfolg einer Geldanlage oder um die langfristige Vermögensplanung geht. Für diese Fälle kann mit gutem Gewissen die am häufigsten verwendete Meßzahl zugrundegelegt werden, nämlich der Verbraucherpreisindex für Deutschland, der die Entwicklung der allgemeinen Lebenshaltungskosten abbildet. Der entsprechende Index, der die einzelnen Verbrauchsgüter immer wieder neu gewichtet, wird monatlich vom Statistischen Bundesamt berechnet und kann jederzeit im Internet ermittelt werden. Jede gemeinnützige Vereinigung sollte also darauf achten, den Kaufkraftverlust vorhandener Geldmittel nach Möglichkeit auszugleichen. Untätigkeit führt in jedem Falle zu einem Schaden, der freilich häufig übersehen wird.

c) Die nachhaltige Zweckerfüllung

Der Begriff der Nachhaltigkeit ist inzwischen zu einem Modewort geworden. Es ist daher nicht verkehrt, sich auf den mutmaßlichen Ursprung dieses Begriffs zu besinnen, der aus dem Forstwesen stammt. Dort ist es im besonderen Maße und über lange Zeiträume hinweg zu beobachten, wie sich Pflegemaßnahmen für künftige Generationen auszahlen, ein Raubbau sich aber unweigerlich in Zukunft rächt. Die in der Gegenwart Tätigen tragen also regelmäßig eine hohe Verantwortung, wenn sie denn nicht nur für die Gegenwart, sondern auch für die Zukunft arbeiten. Was für die natürliche Umwelt gilt, gilt schließlich auch für kulturelle Dinge. Nicht zufällig ist daher auch ein Vergleich gezogen worden zwischen der Tätigkeit des Försters und der Tätigkeit eines Bibliothekars. Denn auch bei dem Bestandsaufbau einer großen Bibliothek rächen sich die Versäumnisse der Gegenwart erst später mit aller Deutlichkeit.

Nun wird auch die weitaus größte Zahl der Vereine daran interessiert sein, ihre Arbeit langfristig aufrecht zu erhalten. Seltene Ausnahmen von dieser Regel dürften nur dann existieren, wenn sich ein Verein nur ein bestimmtes und zeitlich begrenztes Ziel gesetzt hat. Solche Konstruktionen sind immerhin denkbar und müßten nach erreichter Zweckerfüllung logischerweise zu einer Auflösung des Vereins führen. Stiftungen sind dagegen schon von ihrer Intention her in aller Regel als zeitlich unbegrenzte Aktivität angelegt. Da sie, anders als bei Vereinen, nicht auf Mitgliedsbeiträge zurückgreifen können, spielt die Wahrung ihres realen Vermögens eine ganz zentrale Rolle. Ob und wie dies erreicht werden kann, soll weiter unten untersucht werden. Stiftungen sind jedenfalls ein Musterbeispiel nachhaltigen Wirtschaftens.

Das Stichwort Nachhaltigkeit ist auch im Gesetzestext der Abgabenordnung wiederzufinden, und zwar in § 58 Nr. 6. Es beschreibt dort jedoch eine Voraussetzung für die Bildung von sogenannten Projektrücklagen und ist daher in einem anderen Sinne gebraucht, als es an dieser Stelle der Fall ist. Wenn nun ein Verein planmäßig freie (!) Rücklagen gebildet hat, werden die daraus fließenden Erträge sicherlich eine Hilfe sein, die Vereinszwecke kontinuierlich zu verfolgen. Der ansonsten übliche Zwang, von der Hand in den Mund leben zu müssen, wird dadurch wenigstens ansatzweise durchbrochen. Die Vermögenserträge, wenn sie zunächst auch gering sind, vermindern also die Abhängigkeit von oftmals nicht planbaren Zuschüssen und Spenden, aber auch die Abhängigkeit von den Beiträgen der Mitglieder. Auch für den Fall, daß die Zahl der Mitglieder oder Förderer abnimmt, ist der Verein dann nicht gezwungen, seine Aktivitäten zu reduzieren. Ein anderer Lösungsweg, nämlich die Erhöhung von Mitgliedsbeiträgen, könnte insofern durchaus kontraproduktiv sein, als der vermehrte Austritt von Mitgliedern die Folge sein dürfte. Jeder Verein wird sich daher genau überlegen müssen, wo eine gewisse Schmerzgrenze für die finanzielle Belastung der Mitglieder erreicht ist. Dem Vorstand obliegt es jedenfalls, beizeiten Vorsorge zu treffen, um einerseits das demographische Risiko abzufedern und andererseits durch geeignete Geldanlagen das inflationäre Risiko auszugleichen. Die gesetzlichen Vorgaben erlauben aber, wie nachfolgend erläutert werden soll, die Ansammlung von Geld durch einen Verein nur in sehr engen Grenzen. Daraus folgt, daß eine wirksame Vorsorge nur über einen langen Zeitraum hinweg aufgebaut werden kann.

2.2 Die Arten zulässiger Rücklagen

In diesem Kapitel sollen lediglich die zwei hauptsächlichen Möglichkeiten betrachtet werden, Gelder zurückzulegen. Vernachlässigt werden an dieser Stelle zusätzliche Varianten, so etwa die Rücklagenbildung im Bereich der Vermögensverwaltung. Dies wäre zum Beispiel geboten, wenn ein Haus, das zum Vermögen eines Vereins gehört, demnächst einer konkreten Reparatur bedarf. Außerhalb der Betrachtung bleiben ferner Rücklagen innerhalb eines wirtschaftlichen Geschäftsbetriebes, da hier nicht auf die komplizierten Abgrenzungsfragen zwischen Zweckbetrieben und wirtschaftlichen Geschäftsbetrieben eingegangen werden kann. Erwähnt sei an dieser Stelle jedoch, daß die Gemeinnützigkeit eines Vereins in Gefahr gerät, wenn Mittel des ideellen Bereichs dazu verwendet werden, um dauerhafte Verluste eines wirtschaftlichen Geschäftsbetriebes auszugleichen (vgl. AEAO Nr. 4 bis 8 zu § 55 AO).

Ferner kann auch eine sogenannte Betriebsmittelrücklage für periodisch wiederkehrende Ausgaben (typischerweise Gehälter und Mieten) gebildet werden (AEAO Nr. 10 Satz 5 zu § 58 Nr. 6 AO). Die „angemessene Zeitperiode" für diese Art von Rücklagen erstreckt sich nach Meinung der Kommentatoren auf etwa 6 bis 12 Monate. Schließlich sind auch Rückstellungen für den Fall zulässig, daß der Verein sich nicht sicher ist, ob er zu Steuerzahlungen herangezogen wird (AEAO Nr. 10 Satz 6 zu § 58 Nr. 6 AO). Dem Verein steht es jedenfalls nicht frei, Gelder nur deshalb aufzubewahren, weil er sich über die Verwendung der Mittel noch nicht im klaren ist (AEAO Nr. 10 Satz 7 zu § 58 Nr. 6 AO). Für alle Mittel muß also erkennbar sein, auf welche Weise sie den satzungsmäßigen Zwecken dienen sollen. Die Beweislast dafür, ob eine Rücklage korrekt gebildet worden ist, liegt eindeutig bei dem jeweiligen Verein, der dem betreffenden Finanzamt darüber Auskunft zu geben hat (AEAO Nr. 18 Satz 1 zu § 58 Nr. 6 und 7 AO). Die Rücklagen sind dementsprechend in der Rechnungslegung gesondert auszuweisen, woran im besonderen Maße die Kontrollfunktion der Jahresrechnungen sichtbar wird (AEAO Nr. 18 Satz 2 zu § 58 Nr. 6 und 7 AO).

a) Projektrücklagen nach § 58 Nr. 6 AO

Die Abgabenordnung hat dieser Rücklage keinen konkreten Namen gegeben, so daß auch von einer gebundenen oder Zweckerfüllungsrücklage gesprochen werden kann. Die Bezeichnung als Projektrücklage veranschaulicht aber am besten den Charakter dieser Rücklage. Der Anwendungserlaß fordert jedenfalls für sämtliche Projektrücklagen, daß eine tatsächliche Notwendigkeit für deren Bildung besteht (AEAO Nr. 10 Satz 1 zu § 58 Nr. 6 AO). Es wird daher eine klare Grenze zu den freien Rücklagen gezogen (AEAO Nr. 10 Satz 2 zu § 58 Nr. 6 AO), deren Verwendung eben nicht begründet werden muß.

Die Bildung von Projektrücklagen ist im Grunde genommen an drei Voraussetzungen gebunden: Die Vorhaben müssen hinreichend bestimmt sein, sie müssen der Satzung entsprechen, und es müssen konkrete Zeitvorstellungen für deren Verwirklichung bestehen (AEAO Nr. 10 Satz 3 zu § 58 Nr. 6 AO). Ausnahmen von der letzteren Regel sind nur dann zulässig, wenn das Vorhaben zumindest glaubhaft gemacht werden kann und die Durchführung in einem angemessenen Zeitraum möglich ist (AEAO Nr. 10 Satz 4 zu § 58 Nr. 6 AO). Die einschlägige Literatur begrenzt diesen dehnbaren Begriff auf etwa 3 bis 5 Jahre. Den Projektrücklagen können auch Spenden und sonstige eigentlich zeitnah zu verwendende Mittel zugeführt werden, und zwar im Unterschied zu den Bestimmungen für die freien Rücklagen im Bedarfsfall auch in voller Höhe (AEAO Nr. 9 Satz 1 und 2 zu § 58 Nr. 6 AO).

Wegen der in jedem Fall bestehenden zeitlichen Begrenzung dieser Rücklagen kommen nur Anlagemöglichkeiten in Frage, die mit keinem oder einem nur geringen Kursrisiko verbunden sind. Denkbar sind daher kurzlaufende Sparbriefe, Geldmarktfonds oder neuerdings angebotene sogenannte Zielfonds, die von vornherein auf eine bestimmte Laufzeit begrenzt sind.

b) Freie Rücklagen nach § 58 Nr. 7a AO

Den Sinn einer solchen Rücklage definiert der Anwendungserlaß, dessen Systematik an dieser Stelle nicht ganz überzeugend ist, an einer etwas versteckten Stelle (AEAO Nr. 10 Satz 2 zu § 58 Nr. 6 AO). Demnach sollen freie Rücklagen dazu dienen, „ganz allgemein die Leistungsfähigkeit der Körperschaft zu erhalten". Aus welchen Gründen ein solches Bestreben sinnvoll ist, steht nicht im Gesetz, wurde aber oben bereits ausführlich dargelegt. Einer sogenannten freien Rücklage darf jährlich ein Drittel des Überschusses aus der Vermögensverwaltung sowie höchstens 10 % der sonstigen, zeitnah zu verwendenden Mittel zugeführt werden. Da eine Nachholung in späteren Jahren nicht zulässig ist, kommt es auf die sorgfältige Rechnungslegung am Ende jedes Geschäftsjahres an. Die freie Rücklage, darin besteht ihr großer Vorteil, erfordert keinen bestimmten Grund und muß auch nicht zu einem konkreten Zeitpunkt aufgelöst werden. Die in diese Rücklage eingestellten Mittel können auch dem Vermögen zugeführt werden (siehe unten AEAO Nr. 15 zu § 58 AO). Ein fiktives Rechenbeispiel für einen Verein könnte daher folgendermaßen aussehen:

Einnahmen: .... 5.000,00 €

davon:

Mitgliedsbeiträge .... 2.000,00 €
Spenden und Drittmittel .... 1.550,00 €
Zinsen Sparbriefe .... 450,00 €

Verkaufserlöse .... 1.000,00 €

Bei dieser Auflistung der Einnahmen handelt es sich in den ersten beiden Positionen um Mittel aus dem sogenannten ideellen Bereich, bei den Zinsen aber um Mittel aus der Vermögensverwaltung, bei den Verkaufserlösen um Mittel aus dem Zweckbetrieb (daß es sich um einen solchen handelt, wird hier unterstellt). Zurückgelegt werden dürfen also zunächst nach dem Wortlaut des Gesetzes ein Drittel der Zinsen, nämlich 150,- €. Hierbei wird aus Gründen der Vereinfachung angenommen, daß für die Verwaltung des bereits vorhandenen Vermögens keine Gebühren oder sonstige Unkosten (Werbungskosten) angefallen sind. Sofern es sich um Sparbriefe eines Kreditinstituts handelt, ist diese Annahme auch realistisch. Anders verhält es sich, wenn zum Beispiel Depotkosten für die Verwahrung anderer Wertpapiere oder Provisionen und Courtage für den Kauf oder Verkauf über die Börse anfallen. Diese wären als Werbungskosten von den erzielten Zinsen abzusetzen, wie es auch ein privater Anleger in seiner Steuererklärung tun würde. Der Überschuß aus der Vermögensverwaltung würde sich dadurch verringern, so daß auch die Zuführung zur freien Rücklage sich vermindert.

Sodann darf ein Zehntel der übrigen Mittel, die eigentlich wieder zeitnah ausgegeben werden müssen, zurückgelegt werden. In unserem Beispiel wären dies 455,- €. Insgesamt dürften in dem betreffenden Geschäftsjahr 150,- € plus 455,- €, also zusammen 605,- € der freien Rücklage zugeführt werden. Diese muß auch in der Rechnungslegung als solche ausgewiesen werden, unabhängig davon, ob der Betrag noch auf dem Girokonto liegt oder bereits in irgendeiner Form angelegt ist. Damit wäre die Obergrenze ausgeschöpft, bei der es sich freilich um eine Kann-Bestimmung handelt. Der Verein ist also keineswegs gezwungen, eine freie Rücklage in dieser Höhe zu bilden. Es ist ja durchaus denkbar, daß die Ausgaben so zahlreich sind, daß nur eine geringere oder gar keine freie Rücklage gebildet werden kann.

Neben den in Kapitel 2.1. genannten Gründen zur Vorsorge ist auch noch ein weiteres Szenarium denkbar, das für die regelmäßige Bildung einer freien Rücklage spricht: Ein Verein könnte sich mit der Absicht tragen, die Gründung eines anderen Vereins oder einer Stiftung zu unterstützen, indem dieser Körperschaft ein gewisses Vermögen übertragen wird. Auf diese Weise könnte die gemeinnützige Zweckverfolgung, zum Beispiel die Erhaltung eines denkmalwürdigen Gebäudes, nachhaltig befördert werden. Vor allem ist es durch die Neugründung eines Vereins wahrscheinlich, daß dadurch weitere Kreise motiviert werden, sich für eine gemeinnützige Sache zu engagieren. Solchen Vorhaben sind freilich durch den Gesetzgeber enge Grenzen gesetzt worden, da es verboten ist, zeitnah zu verwendende Mittel einer anderen Körperschaft als Vermögen zu überlassen (AEAO Nr. 26 Satz 5 zu § 55 AO). Mit dieser Bestimmung soll verhindert werden, daß sich gemeinnützige Körperschaften gegenseitig beschenken und dadurch ein Kreislauf von Mitteln entsteht, die nicht mehr unmittelbar für die förderungswürdigen Zwecke ausgegeben werden (vgl. Menges 2004, S. 101 und Schauhoff 2005, S. 595).

Erlaubt ist hingegen, daß eine Körperschaft ihre Mittel teilweise einer anderen steuerbegünstigten Körperschaft überläßt, die dann allerdings auch genötigt ist, dieses Geld zeitnah und satzungsgemäß auszugeben. Die Weitergabe von Vermögen kann folglich nur aus Mitteln einer freien Rücklage erfolgen, die eben nicht zeitnah verwendet werden muß. Aus dem obigen Rechenbeispiel ist freilich ersichtlich, daß das Ansparen einer größeren Summe wegen der restriktiven Bestimmungen einen erheblichen Zeitraum in Anspruch nimmt. Es kommt daher um so mehr darauf an, daß solche Ziele rechtzeitig und langfristig verfolgt werden.

Wenn nun Rücklagen ertragbringend angelegt worden sind, ist bei der künftigen Rechnungslegung zu beachten, daß die Zinsen bzw. Erträge aus diesen Rücklagen wiederum an dem Kreislauf der Mittelverwendung teilnehmen. Mit anderen Worten: Wenn eine Rücklage beispielsweise 150,- € Zinsen abgeworfen hat, dürfen wiederum nur 50,- €, also ein Drittel, der oder den Rücklagen zugeführt werden. Die übrigen 100,- € sind statt dessen zeitnah zu verwenden. Daß dieser Mechanismus bei Stiftungen, die nicht über laufende Mitgliedsbeiträge verfügen können, zu gravierenden Problemen bei der Substanzerhaltung führt, wird weiter unten zu zeigen sein.

3 Anlageinstrumente

Wer sein Geld in irgendeiner Weise gewinnbringend oder zumindest inflationsgeschützt aufbewahren will, muß sich zwangsläufig mit den Möglichkeiten befassen, die der Kapitalmarkt bietet. Diese Möglichkeiten sind in den letzten Jahren rasant gewachsen, so daß nur noch Fachleute die ungeheure Vielzahl überblicken. Auf der anderen Seite hat das Internet dafür gesorgt, daß die für sinnvolle Entscheidungen notwendigen Informationen relativ leicht und für jedermann zu beschaffen sind. Es entsteht dadurch ein widersprüchliches Bild: Noch nie gab es für das allgemeine Publikum so differenzierte Möglichkeiten, sein Geld unterzubringen. Aber der Kapitalmarkt war auch noch nie so komplex, wie er sich gegenwärtig darstellt.

Eine zusätzliche Schwierigkeit besteht darin, daß die gesetzlichen Regelungen für Vereine und ähnliche Korporationen noch nicht einmal ansatzweise bestimmen, in welchen Formen Geld angelegt werden darf. Die Bestimmungen des Bürgerlichen Gesetzbuches über die sogenannten mündelsicheren Papiere (§ 1807 BGB) greifen nach den heutigen Umständen mit ihrer Beschränkung auf öffentliche Anleihen und Pfandbriefe sicher zu kurz. Das Fehlen solcher Richtlinien hat allerdings auch den Vorteil, daß nicht andauernde Änderungen der gesetzlichen Grundlagen vorgenommen werden müssen.

Ein Blick in das von der Evangelischen Kirche in Berlin-Brandenburg erlassene, recht detaillierte Vermögensgesetz zeigt, was als allgemeiner Grundsatz auch für andere Korporationen Gültigkeit beanspruchen kann: „Das Kapitalvermögen ist sicher und ertragbringend bei angemessener Mischung und Streuung anzulegen. Dabei hat der Grundsatz der Sicherheit Vorrang.“ (Kirchengesetz 1998, S. 16, § 14 Abs. 3, ergänzend dazu: Richtlinien 2002). Erstaunlicherweise äußern sich die neuen, auf das unbedingt Notwendige abgespeckten Stiftungsgesetze mit keinem Wort mehr zu den Fragen der Vermögensverwaltung (Stiftungsgesetz Brandenburg 2004). Die damit eröffnete außerordentliche Freiheit verlangt aber geradezu nach um so größerer Verantwortung der zuständigen Stiftungsorgane.

Für die hier darzustellenden Zwecke scheiden bestimmte Anlageformen, in der Sprache der Finanzwelt „Assetklassen" genannt, durch ihr erhöhtes Risiko von vornherein aus. Aktien, Aktienanleihen, Zertifikate oder gar Optionsscheine dürften für die Vereinsfinanzen in aller Regel nicht in Frage kommen, obwohl dem Kauf solcher Papiere durchaus kein gesetzliches Verbot entgegensteht. Immerhin wäre es denkbar, Gelder auch in dividendenstarken Aktien anzulegen. Dies käme für Vereine jedoch nur dann in Frage, wenn mit Sicherheit davon ausgegangen werden kann, daß die investierte Summe nicht doch zu einem bestimmten Zeitpunkt benötigt wird. Eine Verminderung des Risikos wäre auch durch einen Aktienfonds denkbar. Der Vorstand wird aber zweifellos ruhiger schlafen können, wenn auf diese Möglichkeiten verzichtet wird. Die anderen genannten Produkte scheiden auch deshalb aus, weil zu deren Handhabung umfassende Kenntnisse notwendig und die Laufzeiten meist begrenzt sind.

Abzuraten ist aus anderen Gründen auch von Immobilienfonds. Sie gelten zwar mit gewissen Einschränkungen auch heute noch als besonders sicheres und nicht selten steuersparendes Polster. Der zuletzt genannte Aspekt spielt allerdings keine Rolle, wenn es sich um einen gemeinnützigen Verein handelt. Vor allem aber zehren die hohen Ausgabeaufschläge an der im Durchschnitt keineswegs berauschenden Rendite, so daß eine solche Anlage wenig flexibel ist. Da natürlich auch der Immobilienmarkt von der allgemeinen Konjunktur abhängig ist und infolge dessen die Nachfrage nach geschäftlich genutzten Immobilien stark schwankt, ist in letzter Zeit auch die Sicherheit dieser Anlageform zweifelhaft geworden. Mit unkalkulierbaren Risiken ist ferner zu rechnen, wenn fremde Währungen ins Spiel kommen. Akzeptabel sind allenfalls Beimischungen innerhalb eines Rentenfonds, sofern die darin deponierten Gelder für einen längerfristigen Anlagehorizont gedacht sind. Gänzlich ausscheiden sollte für Vereine, von denen hier die Rede ist, die Aufnahme von Krediten. Prinzipiell ist zwar auch dies denkbar, wenn ein Verein Zweckbetriebe oder wirtschaftliche Geschäftsbetriebe unterhält, die einen nachhaltigen Erfolg versprechen. Dann sind freilich Dimensionen im Spiel, die wohl nicht mehr von ehrenamtlichen Vorständen bewältigt werden können.

Mit den dargelegten Einschränkungen soll nun durchaus nicht einer extrem konservativen Anlagestrategie das Wort geredet werden. Dem privaten Investor stehen alle Wege offen, wenn er sich hinreichend informiert hat und seine persönliche Finanzlage und Risikobereitschaft abschätzen kann. Bei den Geldern eines Vereins handelt es sich aber eben nicht um persönliche Ersparnisse, sondern um korporatives Vermögen, das mit besonderer Sorgfalt verwaltet werden muß. Die im folgenden dargestellten Möglichkeiten betreffen daher nur einen sehr kleinen Ausschnitt aus dem Universum der Kapitalanlage. Damit ist allerdings nicht gesagt, daß Rentenfonds keinerlei Risiko beinhalten würden. Eine wirklich ideale Anlagemöglichkeit, diese Binsenweisheit sei an dieser Stelle wiederholt, gibt es nicht. Höhere Ertragschancen müssen grundsätzlich mit einem erhöhten Risiko erkauft werden. Und umgekehrt wird sich ein großes Sicherheitsbedürfnis niemals mit traumhaften Renditen verbinden lassen. Wenn aber das Ziel und der Zweck einer Geldanlage klar genug abgesteckt ist, dann läßt sich dafür auch das passende Instrument finden.

3.1 Sparkasse oder Direktbanken?

Wie bei jeder privaten Geldanlage auch, spielen die anfallenden Gebühren eine nicht zu unterschätzende Rolle. Insofern wäre es bereits bei der Kontoführung wünschenswert, wenn dafür keine Kosten anfallen würden. Solche Modelle werden in erster Linie von den sogenannten Direktbanken angeboten, die auf ein Filialnetz ebenso verzichten wie auf Beratung und auf diese Weise mit niedrigen Gebühren arbeiten können. So erfreulich dieses zusätzliche Angebot für den privaten Verbraucher auch ist, so hat dieses Modell auch mehrere Haken. Nach bisheriger Beobachtung weigern sich nämlich die Direktbanken durchweg, Konten für Vereine und ähnliche Organisationsformen zu eröffnen. Ob diese gemeinnützig sind oder nicht, spielt dabei keine Rolle. Offenbar scheuen jene Banken, bei diesem Geschäftsmodell mit einem gewissen Recht, vor dem höheren Bearbeitungsaufwand zurück. Die Betreuung von Vereinen nimmt gegenüber Privatpersonen schon allein deshalb mehr Zeit in Anspruch, weil sich die Vertretungsberechtigung durch wechselnde Vorstandsmitglieder ändern kann und jeweils durch die Vorlage der Satzung und der Eintragungen im Vereinsregister nachgewiesen werden muß. Wegen dieser Verweigerungshaltung kommen Vereine nicht in den Genuß dessen, was eigentlich wünschenswert wäre: Das Ideal wäre ein kostenloses Tagesgeldkonto, über das zwar nicht alle Buchungen wie auf einem Girokonto abgewickelt werden könnten, auf dem aber der Geldbestand ab dem ersten Euro verzinst wird.

Die meisten Vereine werden daher nicht umhin kommen, bei einem ortsansässigen Kreditinstitut vorstellig zu werden. Dies hat nun ohne Zweifel durch die persönlichen Kontakte auch positive Aspekte, ganz abgesehen davon, daß mehrere Kontoverbindungen einen erhöhten Aufwand für den Schatzmeister nach sich ziehen. Der Verein sollte sich zumindest bei den öffentlich-rechtlichen oder genossenschaftlichen Geldinstituten nicht scheuen, eine kostenlose Kontoführung zu erbitten. Die Gemeinnützigkeit sollte in diesen Fällen ein hinreichendes Argument sein, um die Institute an ihre Verantwortung für das Gemeinwohl zu erinnern. Sehr viele Vereine werden sich auch ihrerseits einem bestimmten Ort oder einer bestimmten Region verbunden fühlen. Die im Erfolgsfall auf einem solchen kostenlosen Girokonto lagernden Beträge werden freilich keine Verzinsung erfahren und geben daher den Grund für die nachfolgenden Überlegungen ab. Daß gemeinnützige Organisationen nicht nur im ideellen Sinne ein positiver Standortfaktor sind, sollte mehr als bislang in das öffentliche Bewußtsein gebracht werden. In vielen Fällen sind sie auch trotz geringer Größe ein gewisser wirtschaftlicher Faktor für die Region. Dies gilt besonders dann, wenn zum Beispiel Zwecke der Denkmalpflege verfolgt werden, die ein Vielfaches der Vereinsaufwendungen an Investitionen nach sich ziehen.

3.2 Vorteile und Nachteile von Investmentfonds

Literatur: Sieper 1991, S. 243 - 264. Fehrenbach 1997, besonders S. 69 - 71 und 168 - 171. FondsGuide 2000. Aehling 2004.

Mit den Investmentfonds ist bei der Geldanlage eine ähnliche Idee verwirklicht worden, wie sie bereits sehr viel früher bei Versicherungen und Pensionskassen in die Tat umgesetzt worden ist. Selbstverständlich sind Fonds als solche keine Versicherung. Die strukturelle Gemeinsamkeit liegt aber darin begründet, daß durch die Beteiligung vieler Personen etwas möglich wird, was dem einzelnen nicht möglich wäre. Während die Versicherung das individuelle Risiko auf viele Schultern verteilt, ermöglicht der Fonds eine Teilnahme an Anlageklassen, die sonst nur Großinvestoren zugänglich wären. Insofern ist es eigentlich verwunderlich, daß es in Deutschland erst seit 1949 diese Möglichkeit gibt. Die älteste Gesellschaft war die ADIG, die bis 1959 jedoch nur Aktienfonds verwaltete, danach auch Immobilienfonds. Erst 1966 wurden durch den DIT und die DWS die ersten Rentenfonds angeboten. Nach diesem verhältnismäßig langsamen Wachstum in den 1950er und 1960er Jahren sind heute mehrere tausend Fonds verfügbar, so daß auch in diesem Segment nur noch mit Mühe der Überblick zu bewahren ist.

Durch die Bildung eines „Pools" von Geldern einzelner Anleger entstehen die beiden wichtigsten Vorteile der Fondsanlage: Selbst mit Hilfe kleiner Beträge kann der jeweilige Anleger an einem breit gestreuten Depot von Wertpapieren teilnehmen. Das Risiko, durch den Kauf eines einzelnen Wertpapiers Einbußen zu erleiden, wird auf diese Weise verringert. Allerdings verhindert natürlich auch ein Fonds nicht, daß erhebliche Verluste möglich sind, wenn dieser in Aktien investiert. Ähnliche Risiken bestehen bei Rentenfonds, die gezielt Papiere geringer Bonität erwerben. Insofern sollte der Anleger bereits vor seiner

Investition genau wissen, aus welchen Bestandteilen sich der Fonds zusammensetzt und welches Risiko er eingehen will oder darf. Zu den Vorteilen ist ferner zu rechnen, daß die Anteile des jeweiligen Fonds jederzeit liquide sind. Diese Möglichkeit, zu einem beliebigen Zeitpunkt wieder Kasse zu machen, ist besonders dann von Belang, wenn die Verwendung des Geldes zeitlich nicht genau planbar ist. Der Anleger bleibt auf diese Weise wesentlich beweglicher als bei Sparbriefen, Sparplänen oder Festgeldern. Und schließlich kümmert sich ein professionelles Management um die Verwaltung des Fondsvermögens. Anders allerdings als bei einer Aktiengesellschaft haben die Anteilseigner keinerlei Mitspracherecht, was die Anlagepolitik anbelangt. Die Anleger können im Grunde genommen nur mit den Füßen abstimmen, indem sie die Anteile verkaufen, wenn andauernd schlechte Ergebnisse diesen Schritt nahelegen.

Damit ist zugleich aber auch ein grundsätzlicher Nachteil von Investmentfonds benannt: Die Verwaltung, die sowohl gut als auch höchst mittelmäßig sein kann, kostet nämlich wiederum Geld, das sich die Fondsgesellschaft entweder in Form von Ausgabeaufschlägen oder in Form von Verwaltungsgebühren wiederholt. Diese, neuerdings auch zusätzlich noch erfolgsabhängige Vergütungen, schmälern entweder die Ausschüttung des Fonds oder bei thesaurierenden Fonds die Wertentwicklung der einzelnen Anteile. Die Vorteile dieser Anlageform sind also nicht zum Nulltarif zu haben. Vor allem die laufenden Kosten sind nicht zu unterschätzen, weil sie eben regelmäßig, und zwar unabhängig von der Wertentwicklung des Fonds, anfallen. Das Management darf sich also auch dann wie gewohnt bedienen, wenn der Kurswert kräftig gesunken ist. Leider ist noch niemand auf die Idee gekommen, eine negative erfolgsabhängige Vergütung einzuführen, also die Entlohnung zu kürzen, wenn kein positiver Anlageerfolg eingetreten ist. Die mit 1 % oder 1,5 % optisch zunächst gering erscheinenden Gebühren können sich jedenfalls zu erklecklichen Summen entwikkeln. Bei Aktienfonds kann es durchaus vorkommen, daß sämtliche ordentlichen Erträge (also im Normalfall die ausgeschütteten Dividenden) von der Verwaltung des Fonds verfrühstückt werden. Dieses Kostenrisiko sollte also durchaus zu denken geben.

Im übrigen können auch die Fonds nicht gegen die allgemeine Marktlage agieren, sondern sind den allgemeinen Risiken der Börsen ebenso ausgesetzt wie einzelne Aktien oder Rentenpapiere. Aus dem zuvor Gesagten ergibt sich, daß auch Investmentfonds kein Rundum-Sorglos-Paket sind. Die gesetzlich vorgeschriebenen Verkaufsprospekte klären deshalb auch umfassend über die allgemeinen und spezifischen Risiken auf. Trotzdem verbleiben dem Fondsmanagement oft außerordentlich große Handlungsspielräume. Wer den Prospekt nicht genau genug gelesen hat, wird sich im Falle des Falles wundern, daß auch einem Rentenfonds zum Beispiel der Erwerb von bis zu 20 % Aktien erlaubt ist oder fast die Hälfte des Fondsvermögens als Kassenbestand „herumliegen" darf. In vielen Fällen sind Fonds aber flexibler einzusetzen als andere Anlageformen und daher für Anleger aller Couleur nahezu unentbehrlich geworden. Allein die Vielzahl der Angebote macht es aber zwingend notwendig, sich ausreichend zu informieren.

Da die Fonds gesetzlich verpflichtet sind, durch einen Halbjahresbericht und einen Jahresbericht kontinuierlich Rechenschaft abzulegen, gehören sie zu den ausgesprochen transparenten Instrumenten des Kapitalmarkts. Dies gehört ohne Zweifel zu den Pluspunkten der Fonds, wenngleich die Gepflogenheiten der Berichterstattung bei den deutschen Kapitalanlagegesellschaften anders aussehen als bei den angloamerikanischen Fonds. Der erfahrene Leser wird sich gleichwohl zu hüten wissen vor den häufig etwas blumigen und durchaus oberflächlichen Beschreibungen der einzelnen Fonds. Es genügt darum nicht, sich bei Gelegenheit eine A 4-Seite anzuschauen, die nach stereotypen Mustern die Ziele eines Fonds beschreibt. Vielmehr ist ein regelmäßiger Blick in die Vermögensaufstellungen zu empfehlen, auch wenn diese Lektüre nicht jedermanns Sache ist. Die Formulierungen der Rechenschaftsberichte sind jedenfalls mit Vorsicht zu genießen. Bei Sätzen wie: „Die Währungsrisiken wurden durch das Management flexibel abgesichert“ ist auch der interessierte Anleger mit seinem Latein am Ende. Auch sollte niemand die suggestive Kraft von Grafiken unterschätzen. Allein schon durch die unterschiedliche Skalierung von Diagrammen ist es unschwer möglich, eine Wertentwicklung besser aussehen zu lassen, als sie es in Wirklichkeit verdient. Auch durch die beliebte Verwendung von Benchmarks kann eine Qualität des Fonds vorgetäuscht werden, zumal der Leser die Zusammensetzung dieser Vergleichsindices in vielen Fällen nicht nachprüfen kann. Um eine eigene, fundierte Meinungsbildung wird daher ein kritischer Anleger nicht herumkommen.

Wer sich mit Investmentfonds beschäftigen will, dem stehen neben den Berichten der Kapitalanlagegesellschaften natürlich auch andere Medien zur Verfügung. Inzwischen bietet praktisch jedes Kreditinstitut umfangreiche Datenbanken an, aus denen die Kennzahlen der einzelnen Fonds abrufbar sind und Fonds auch untereinander verglichen werden können. Allerdings sollte auf keinen Fall der Zeitaufwand unterschätzt werden, der notwendig ist, um einen hinreichenden Einblick in die Welt der Fonds zu gewinnen. Die Vielzahl von verfügbaren Daten darf nicht darüber hinwegtäuschen, daß erst das längerfristige Beobachten einzelner Fonds einen hinreichenden Durchblick verschafft. Auch die bloßen Zahlen über die Wertentwicklung innerhalb eines relativ kurzen Zeitraums sind wenig geeignet, eine qualifizierte Auswahl zu treffen, solange nicht der im Fonds verpackte Inhalt genau genug bekannt ist. Manchmal kann man sich des Eindrucks nicht erwehren, daß die Flut von Informationen bewußt zur Irreführung der Öffentlichkeit eingesetzt wird. Worauf es für unsere Zwecke wirklich ankommt, soll daher weiter unten an einigen wenigen, aber sehr konkreten Beispielen aufgezeigt werden.

Im folgenden sollen nur zwei Fondsgattungen näher beleuchtet werden, nämlich die noch relativ jungen Geldmarktfonds und Rentenfonds. Trotz dieser Beschränkung können auch hier nur wenige Beispiele analysiert werden. Ziel ist daher nicht, einen repräsentativen Überblick zu bieten, sondern lediglich die Methoden der Analyse aufzuzeigen. Aktienfonds und Immobilienfonds bleiben dagegen außerhalb der Betrachtung. Nun wird man sich darüber streiten können, ob ein gemeinnütziger Verein nicht auch solche Fondsanteile besitzen kann. Schließlich sind mit Hilfe von Aktien durchaus höhere Gewinne (in der Regel aber keine höheren laufenden Erträge) denkbar als mit Rentenfonds. Da jedoch die Gelder eines Vereins zu einem großen Teil für bestimmte Zwecke zu einem bestimmten Zeitpunkt zur Verfügung stehen sollen, wird das Risiko in den meisten Fällen zu hoch sein, mit Aktien herbe Verluste genau dann zu erleiden, wenn das Geld gebraucht wird. Allerdings bieten auch Rentenfonds keineswegs die Garantie, keine Verluste zu verursachen. Immobilienfonds sollten, wie bereits oben dargelegt, wegen der hohen Ausgabeaufschläge und der bescheidenen Wertentwicklung für unsere Zwecke eher ausscheiden. Auch auf die Betrachtung sogenannter Mischfonds, die Aktien und Renten in verschiedener prozentualer Aufteilung halten, kann hier verzichtet werden.

a) Geldmarktfonds

Literatur: Aehling 2004, S. 128 - 130.

Bei den Geldmarktfonds handelt es sich im Grunde genommen um einen Spezialfall von Rentenfonds. Es gehört wohl zu den Kuriositäten des deutschen Finanzmarkts, das sei am Rande erwähnt, daß Geldmarktfonds in der Bundesrepublik erst seit 1994 zugelassen sind. Diese Fonds erwerben sogenannte Geldmarktpapiere, deren Kursrisiko durch die kurze Laufzeit sehr begrenzt ist. Weitere Mittel können in Form von Fest- oder Termingeldern von Banken gehalten werden. Zu den moderneren Instrumenten gehören sogenannte Floating-Rate-Notes oder kurz Floater, deren Zinssatz in gewissen Abständen dem aktuellen Marktniveau angepaßt wird. Auch hierdurch bewegen sich die Kursschwankungen in sehr engen Grenzen. Geldmarktfonds weisen daher insgesamt ein sehr geringes Risiko auf und eignen sich folglich für die vorübergehende Anlage liquider Mittel oder für Projektrücklagen, auf die in absehbarer Zeit zurückgegriffen werden muß. In steuerrechtlicher Hinsicht handelt es sich also um Mittel, die zeitnah zu verwenden sind, oder um Mittel, die diesem Gebot nur vorübergehend durch die Ausweisung einer Projektrücklage entzogen sind. Folgende konkrete Beispiele seien genannt:

Name	WKN	Geschäftsjahr	Kurs	1 Jahr	3 Jahre	5 Jahre
Ampega Money Saving Fund	53 22 23	Thes. 31.12.	54,23	2,27	8,32	-
Activest Euro-Geldmarkt Plus	97 52 47	Thes. 30.09.	62,11	2,14	7,42	16,26
DWS Vario Rent	84 76 58	Ex 24.02.	52,19	2,00	6,63	15,09
Deka EuroFlex Plus	76 59 84	Ex 20.02.	40,17	1,99	7,04	-
Uni Money Market Euro	97 40 33	Ex November	519,05	1,99	6,37	14,92
HSBC Trinkaus Euro Inka	97 56 68	Ex 30.06.	50,75	2,29	7,37	15,56

Durch die Tabelle wurde versucht, die Fonds untereinander zu einem bestimmten Stichtag (hier: 13. 10. 2005) zu vergleichen. Wenn man sich auf diese Weise eine Handvoll guter Fonds auswählt, ist ein erneuter Performancevergleich zu einem späteren Zeitpunkt unschwer möglich. Es versteht sich von selbst, daß sich die Reihenfolge der Fonds, je nach betrachtetem Zeitraum, ändern kann. Die Abweichungen fallen allerdings bei dieser Anlageklasse relativ gering aus. Eine noch eingehendere Untersuchung müßte weitere Kennzahlen einbeziehen. So handelt es sich bei dem Deka EuroFlex Plus um einen geldmarktnahen Fonds, der eine etwas höhere Volatilität aufweist. In der Performance spiegelt sich nicht zuletzt auch die Kostenstruktur des jeweiligen Fonds. Eine bemerkenswert niedrige Verwaltungsvergütung von nur 0,15 % erhebt zum Beispiel der Fonds von Activest. An diesem Fonds ist übrigens auch zu sehen, in welchem Maße die Finanzmärkte inzwischen internationalisiert sind: In Deutschland sind lediglich 10 % der Mittel angelegt, die ersten Plätze der Länderaufteilung belegen Italien, die Niederlande und Spanien (Stand 31. März 2004). Zu beachten ist bei dem Erwerb der Fondsanteile, daß je nach depotführendem Kreditinstitut unter Umständen verschiedene Mindestanlagesummen bestehen können. Vergleichsweise hohe Stückelungen wie bei dem Uni Money Market Euro werden auch nicht zur Begeisterung breiter Interessentenkreise beitragen.

Bei allen genannten Fonds handelt es sich um Geldmarktfonds ohne Ausgabeaufschlag, da ein solcher für kurzfristige Anlagen kaum akzeptabel ist. Ziemlich egal dürfte es dagegen sein, ob der jeweilige Fonds seine Erträge ausschüttet (in der Tabelle: ex) oder thesauriert. Sofern eine Ausschüttung erfolgt, ist der erzielte Gewinn für den Anleger unschwer zu sehen. Bei thesaurierenden Fonds ist die jeweilige Differenz zwischen Verkaufspreis und Ankaufspreis identisch mit dem erzielten Zinsgewinn, den der betreffende Verein als Ertrag aus der Vermögensverwaltung auszuweisen hat. Eventuelle beim Erwerb anfallende (negative) Zwischengewinne, die für den steuerpflichtigen Privatanleger von Belang sind, können vernachlässigt werden, sofern die Körperschaft steuerbefreit ist.

Ein Blick auf die derzeit erzielten Ergebnisse zeigt, daß diese nur knapp oberhalb der Marke von 2 % liegen. In den zurückliegenden 5 Jahren waren es immerhin rund 3 %. Daraus folgt, daß auch die besten Geldmarktfonds in der Regel gerade so in der Lage sind, die laufende Inflation auszugleichen. Für einen längerfristigen Vermögensaufbau sind sie jedenfalls die falsche Adresse. Es wurde aber schon oben darauf hingewiesen, daß die Inflation eine keineswegs zu vernachlässigende Wirkung entfaltet. Die Aufgabe, diese schleichenden Verluste aufzufangen, sollte deshalb durchaus ernstgenommen werden.

b) Rentenfonds

Literatur: Weisensee 1993, S. 221 - 237. Eller 1995, S. 245 - 263. Katholing 1996. Aehling 2004, S. 113 - 128.

Eine Anlage in Rentenfonds, die keine Geldmarktfonds sind, erscheint vor allem geeignet für die freien Rücklagen eines Vereins. Selbstverständlich wäre es auch denkbar, statt dessen ein festverzinsliches Wertpapier guter Bonität zu erwerben. Diese Möglichkeit, die in der Regel höhere Anlagesummen erfordert, soll hier nicht näher beleuchtet werden. Ganz konkret sollen vielmehr zwei Rentenfonds verglichen werden, die bereits lange genug existieren, um aussagekräftige Datenreihen erstellen zu können. Um nicht Äpfel mit Birnen zu vergleichen, wurden zwei Fonds derselben Fondsgesellschaft ausgesucht, die denselben regulären Ausgabeaufschlag von 3 % haben und ihre Erträge zum selben Zeitpunkt ausschütten, dabei allerdings sehr verschiedene Anlageziele verfolgen. Im ersten Fall handelt es sich um den DWS Inter Genuss, der seinem Namen nach insbesondere Genußscheine erwirbt und damit versucht, etwas höhere Renditen zu erwirtschaften, als sie mit öffentlichen Anleihen zu erzielen sind. Dem Anleger wird damit das Problem abgenommen, sich über die sehr individuelle Ausstattung und Funktionsweise von Genußscheinen informieren zu müssen. Daß der Name jedoch nur bedingt mit dem tatsächlichen Inhalt übereinstimmt, wird noch näher zu erläutern sein.

Bei einer längerfristigen Anlage wird es für den Anleger nicht nur von Bedeutung sein, wie sich der Anteilspreis eines Fonds entwickelt, sondern auch, welche Erträge er ausschüttet. Im Falle einer Stiftung, die ihre Anteile im Prinzip überhaupt nicht wieder verkaufen will, ist die Frage der tatsächlichen Erträge sogar eine ganz zentrale Überlegung. In der nachstehenden Auflistung wird nun unter anderem dokumentiert, welche Ausschüttungen bei dem betreffenden Fonds erfolgt sind. Die Beschaffung dieser Daten ist deshalb nicht ganz einfach, weil die Fondsgesellschaften in den jährlichen Rechenschaftsberichten zwar verpflichtet sind, die Entwicklung des Fondsvermögens und des Anteilspreises für einen Dreijahreszeitraum zu dokumentieren, der Ausschüttungsbetrag aber nur für das jeweilige Geschäftsjahr angegeben wird. Die Sammlung der historischen Daten erfordert daher eine aufwendige Durchsicht der zurückliegenden Rechenschaftsberichte und natürlich eine Umrechnung von DM-Beträgen in Euro.

Ferner wurde der Anteilspreis am Ende des jeweiligen Geschäftsjahres notiert. In den hier analysierten Fällen endet das Geschäftsjahr der Fonds am 30. September, während die Ausschüttung knapp zwei Monate später erfolgt. Schließlich wurde versucht, aus diesen beiden Kennziffern die erwirtschaftete Rendite zu berechnen, die in den Jahresberichten nicht ausdrücklich erwähnt wird. Dieses Verfahren kann insofern nur eine Notlösung darstellen, als sowohl die Schwankungen des Anteilspreises innerhalb eines Geschäftsjahres als auch der tatsächlich gezahlte Ausgabeaufschlag nicht berücksichtigt werden können. Da der zugrundegelegte Kurswert vor dem Ausschüttungstermin liegt, zeigt er regelmäßig relativ hohe Werte. Anders ausgedrückt: Würde man den niedrigeren Kurs nach der Ausschüttung für die Berechnung verwenden, würden sich durchgehend etwas höhere Renditen ergeben. Es handelt sich also, welche Methode man auch anwendet, immer nur um Näherungswerte. Die zuletzt vom DWS Inter Genuß erzielte Rendite von 4,23 % ist zwar die niedrigste seit Auflegung des Fonds, angesichts einer Umlaufrendite öffentlicher Anleihen von zeitweilig nur noch 3,25 % (Stand: 28. 12. 2005) aber ein immer noch achtbares Ergebnis, zumal die Kosten des Fondsmanagements bereits abgezogen sind. Die Berücksichtigung der Inflationsrate von etwas über 2 % zeigt allerdings, daß der reale Zins tatsächlich extrem niedrig ist.

Zunächst soll der Chart betrachtet werden, der die Wertentwicklung der Anteile über einen Zeitraum von zehn Jahren festhält. Bei dieser Grafik handelt es sich nicht um einen sogenannten Performance-Chart, der die Ausschüttungen mit berücksichtigt und dadurch eine mehr oder weniger kontinuierliche Wertentwicklung suggeriert. Statt dessen ist ein für ausschüttende Fonds typisches Sägezahnmuster erkennbar (E = earning = Ausschüttung). Der Anteilswert pendelt daher, grob betrachtet, langfristig um einen Mittelwert von gut 41 Euro. Abweichungen nach oben oder nach unten sind durch schwankende Kurse der Wertpapiere je nach dem allgemeinen Zinsniveau verursacht. Die Ausschläge sind jedoch vergleichsweise gering, was manchem Anleger durchaus entgegenkommen wird. Dabei darf freilich nicht vergessen werden, daß die ordentlichen Erträge durch den Fonds in der Regel ausgeschüttet worden sind. Auch steht es im Ermessen des Managements, zusätzlich einen kleinen Teil der realisierten Kursgewinne auszuschütten. Eine Werterhaltung findet auf Fondsebene folglich nicht statt, da die 40 Euro im Jahre 2003 ihrer Kaufkraft nach nicht mehr den 40 Euro des Jahres 1996 entsprechen. Hier muß also der Anleger, wenn er denn einen Inflationsausgleich wünscht, gezielt gegensteuern, indem ein Teil der Erträge wieder angelegt wird.

DWS Inter Genuss, WKN 84 90 98 (Auflegung: 21. 6. 1993)

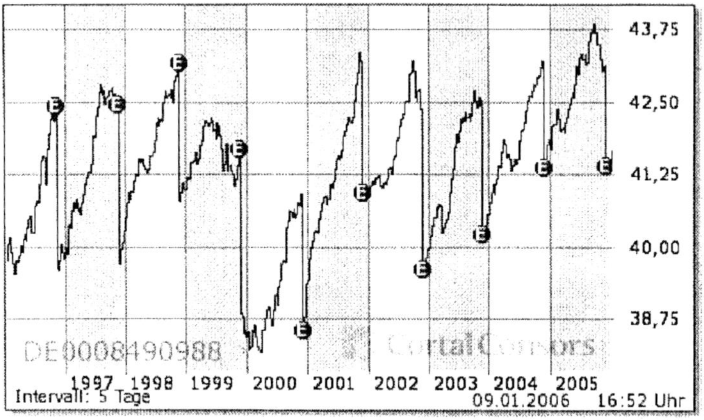

Ausschüttungen ca. 20. November:

1994: 3,17 € Kurs 30.9.: 40,25 € Rendite: 7,88 %
1995: 3,22 € Kurs 30.9.: 41,29 € Rendite: 7,80 %
1996: 2,91 € Kurs 30.9.: 42,01 € Rendite: 6,93 %
1997: 3,02 € Kurs 30.9.: 42,71 € Rendite: 7,07 %
1998: 2,61 € Kurs 30.9.: 42,73 € Rendite: 6,11 %
1999: 2,75 € Kurs 30.9.: 41,29 € Rendite: 6,66 %
2000: 2,50 € Kurs 30.9.: 40,51 € Rendite: 6,17 %
2001: 2,20 € Kurs 30.9.: 42,23 € Rendite: 5,21 %
2002: 2,70 € Kurs 30.9.: 43,24 € Rendite: 6,24 %
2003: 2,40 € Kurs 30.9.: 42,71 € Rendite: 5,62 %
2004: 1,90 € Kurs 30.9.: 42,78 € Rendite: 4,44 %
2005: 1,85 € Kurs 30.9.: 43,75 € Rendite: 4,23 %

Eine grafische Darstellung der Ausschüttungen ergibt folgendes Bild:

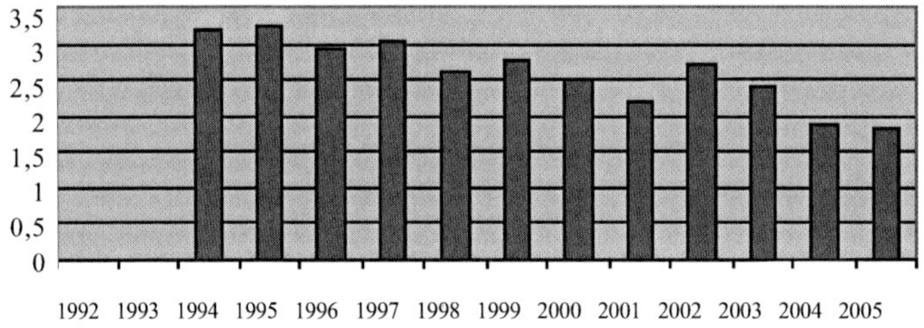

Der Fonds zeichnet sich dadurch aus, daß der Anteilswert nur geringen Schwankungen unterliegt. Da fast ausschließlich im Euro-Raum investiert wird, ist auch so gut wie kein Wechselkursrisiko vorhanden. Ein genauer Blick in die Rechenschaftsberichte offenbart freilich, daß der Fonds in den letzten Jahren eine enorme Steigerung seines Volumens erlebt hat: Waren zum 30. 9. 2000 Anlegergelder in Höhe von 37,3 Millionen Euro ausgewiesen, so betrug dieser Wert Ende September 2005 nun 1.940,5 Millionen Euro. Das Volumen ist also innerhalb von fünf Jahren – die Motive und Gründe dafür bleiben dem Anleger verborgen – auf mehr als das 50fache gewachsen. Mit einem Bestand von fast zwei Milliarden Euro, angelegt in 193 verschiedenen Papieren (ohne Derivate) gehört er nun zu den Schwergewichten seiner Klasse. Dies ist sicher die wichtigste Ursache dafür, daß der Anteil der Genußscheine am Fondsvermögen zunehmend rückläufig war und im Juni 2005 nur noch 34,6 % betrug. Der relativ kleine Markt an Genußscheinen war offensichtlich nicht mehr in der Lage, diese Zuwächse aufzufangen. Neben der allgemeinen Entwicklung des Kapitalmarktes wird dies dazu beigetragen haben, die Erträge zu mindern.

Der zweite hier zu betrachtende Fonds, der DWS Rendite Spezial, verfolgt deutlich andere Anlagegrundsätze. Um möglichst hohe Erträge zu erzielen, investiert er in etwa zu je einem Drittel in Staatsanleihen der sogenannten Emerging Markets sowie

Unternehmensanleihen geringerer Bonität in US-Dollar und Euro. Aufgrund dessen ist sowohl ein erhebliches Währungsrisiko (Anteil des Dollars am Fondsvermögen im Juni 2005: 60,2 %) als auch ein deutlich höheres Ausfall- und Kursrisiko bei den High-Yield-Anleihen vorhanden. Daß dieses Risikoprofil nicht nur theoretisch besteht, ist an dem Kurseinbruch nach dem Jahre 2000 deutlich zu sehen. Ob sich dahinter neben vorübergehenden Kursschwankungen auch Totalverluste einzelner Wertpapiere verbergen, ist für den Anleger kaum ermittelbar.

Im übrigen werden durch den Fonds Wertpapiere auch aus solchen Staaten gehalten, die für ein privates Depot als Einzelinvestments ein kaum akzeptables Risiko darstellen würden (Uruguay, Guatemala, Kolumbien, Panama, Peru, Venezuela, Indonesien). Zu monieren war seitens der Anleger allenfalls der nicht sehr hohe Investitionsgrad der Wertpapiere von 87 % (Stand: 30. 9. 2004), der aber schon ein Jahr später wieder bei fast 98 % lag. Der Rechenschaftsbericht zum 30. 9. 2005 weist bei einem deutlich gesunkenen Fondsvolumen von 164,7 Millionen Euro insgesamt 195 verschiedene verzinsliche Wertpapiere aus. Mit dieser vergleichsweise sehr hohen Diversifikation dürfte der Fonds für die Zukunft nach menschlichem Ermessen gut aufgestellt sein (zum Ende des Geschäftsjahres 2002 waren es bei sogar noch etwas höherem Fondsvolumen nur 99 verschiedene Papiere). Auch an diesem Beispiel wird deutlich, daß Fonds etwas grundsätzlich anderes sind als eine einzelne Anleihe. Der Anleger irrt gewaltig, wenn er der Meinung ist, mit einem Fonds unter einer Wertpapierkennnummer etwas gekauft zu haben, was auf absehbare Zeit unveränderlich und im Prinzip berechenbar ist. Vielmehr sind Fonds ein quasi lebender Organismus, der sich aus verschiedenen Ursachen ständig verändert. Diese Veränderungen und ihre Konsequenzen wird der Anleger stets im Blick behalten müssen, soweit es ihm als Außenstehenden möglich ist.

Während im übrigen noch vor wenigen Jahren in Dollar denominierte Unternehmensanleihen unverzichtbar waren, gibt es inzwischen auch für den Euro-Raum entsprechende Fonds. Damit läßt sich zwar das Wechselkursrisiko ausschließen, doch hängt die Volatilität maßgeblich von der Bonität der erworbenen Anleihen ab. Als bemerkenswertes Beispiel soll der DWS Euro-Corp Bonds (WKN 93 56 91, Auflegung am 25. 9. 2000) genannt werden, der sich auf Industrieanleihen guter Bonität (oberhalb des Ratings BBB) konzentriert. Der Rechenschaftsbericht zum 31. 12. 2004 weist ein Fondsvermögen von mehr als einer Milliarde Euro aus, das zu diesem Zeitpunkt in 157 verschiedenen Titeln angelegt war. Diese sehr breite Streuung bringt es mit sich, daß nur wenige Papiere mehr als 1 % des Fondsvermögens umfassen. Wesentlich anders verhält es sich dagegen mit dem Fonds DWS Euro-Corp High Yield (WKN 97 22 80, Auflegung: 1. 2. 1993), der Anleihen geringer Bonität (unterhalb des Ratings BBB) erwirbt und dadurch Kursrisiken aufweist, die denen von Aktienfonds nahekommen.

Der Chart des DWS Rendite Spezial, ebenfalls über zehn Jahre verfolgt, zeigt zwar auch das bereits oben beobachtete Sägezahnmuster. Im Vordergrund stehen allerdings, wie schon auf den ersten Blick erkennbar, die erheblichen Ausschläge des Kurswertes. Der Verlust von mehr als einem Drittel des Wertes in den Jahren 2000 bis 2002 macht hinreichend deutlich, worauf sich die Anteilseigner einlassen. Erstaunlicherweise war aber die Ausschüttung nicht so starken Schwankungen unterworfen, da sich die beschriebene Drittelung der Anlagesegmente offenkundig stabilisierend ausgewirkt hat.

DWS Rendite Spezial, WKN 84 90 91 (Auflegung: 17. 6. 1991)

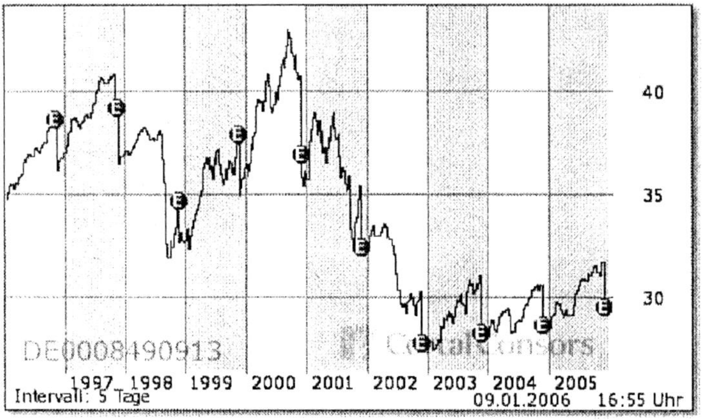

Ausschüttungen ca. 20. November:

1992: 2,86 € Kurs 30.9.: 36,65 € Rendite: 7,80 %
1993: 2,71 € Kurs 30.9.: 39,92 € Rendite: 6,79 %
1994: 2,86 € Kurs 30.9.: 37,64 € Rendite: 7,60 %
1995: 2,56 € Kurs 30.9.: 36,13 € Rendite: 7,09 %
1996: 2,66 € Kurs 30.9.: 38,31 € Rendite: 6,94 %
1997: 2,97 € Kurs 30.9.: 40,68 € Rendite: 7,30 %
1998: 2,66 € Kurs 30.9.: 32,77 € Rendite: 8,12 %
1999: 3,20 € Kurs 30.9.: 36,24 € Rendite: 8,83 %
2000: 3,40 € Kurs 30.9.: 41,85 € Rendite: 8,12 %
2001: 3,50 € Kurs 30.9.: 32,83 € Rendite: 10,66 %
2002: 3,05 € Kurs 30.9.: 29,78 € Rendite: 10,24 %
2003: 2,35 € Kurs 30.9.: 30,12 € Rendite: 7,80 %
2004: 2,10 € Kurs 30.9.: 30,33 € Rendite: 6,92 %
2005: 2,15 € Kurs 30.9.: 31,50 € Rendite: 6,83 %

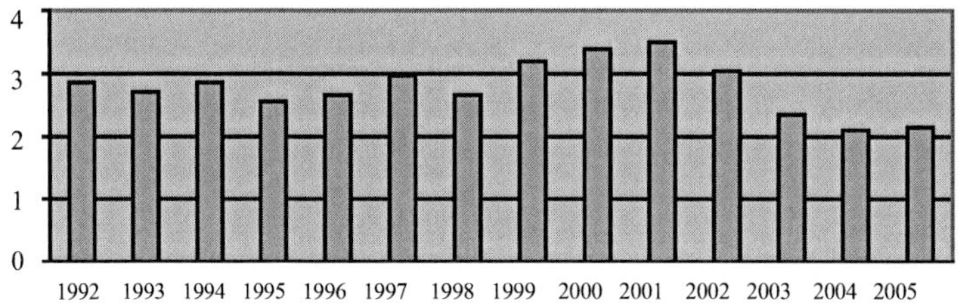

Durch die Kombination beider Fonds ist nun eine deutliche Glättung der Schwankungsbreite möglich, da sich die Ausschüttungen über längere Phasen hinweg geradezu gegenläufig entwickelt haben (1994 bis 1996, 1999 bis 2002), also eine negative Korrelation bestand. Was verständlicherweise nicht möglich ist, ist eine generelle Abkopplung vom Trend des Kapitalmarkts. Aufgrund des historisch niedrigen Zinsniveaus ist etwa ab 2002 zwar der Kurs der Fondsanteile nahezu konstant geblieben oder leicht gestiegen, die Ausschüttungen aber sind kontinuierlich gesunken. Was also den kurz- oder mittelfristig orientierten Anleger bei einer gewöhnlichen Anleihe durchaus freuen kann, nämlich der Kursanstieg im Falle sinkender Zinsen, ist etwa für eine Stiftung, die auf die Ausschüttungen angewiesen ist, durchaus nicht unbedingt von Vorteil. Gleiches gilt im übrigen für den oben beschriebenen Pensionär, der seine Altersbezüge nicht durch einen Entnahmeplan aus einem Fonds, sondern lediglich durch die Erträge dieser Fondsanlage aufbessern möchte. Der für Anleihen idealtypische Zusammenhang (sinkende Zinsen – steigende Kurse und umgekehrt) gilt für Fonds nur in eingeschränktem Maße. Durch Zu- und Abflüsse von Mitteln und Umschichtungen durch das Fondsmanagement wird dieser Zusammenhang relativiert.

Je nach Betrachtungszeitraum kann das Bild für die Entwicklung eines Fonds ganz anders aussehen. Die Vergangenheitsbetrachtung kann nur Anhaltspunkte ergeben, ermöglicht aber keine sicheren Rückschlüsse auf zukünftige Ergebnisse. Der Anleger ist daher nicht davon befreit, die Anlagepolitik „seiner" Fonds regelmäßig zu beobachten und notfalls Konsequenzen zu ziehen, wenn sich die Daten nicht mehr mit seinen Anlagezielen decken. Tröstlich ist allein der Umstand, daß die Fondsauswahl und der Zeitpunkt des Erwerbs um so unwichtiger werden, je länger der Anlagehorizont angelegt ist. Auch übertrifft der Durchschnitt der Fonds auf Dauer nicht den jeweiligen Marktindex. Insofern kochen eben auch die Fondsmanager nur mit Wasser. Ein Vergleich der beiden vorstehend analysierten Fonds zeigt, daß der risikofreudigere DWS Rendite Spezial, jedenfalls für den Zeitraum ab 1998, eine etwa 2 % höhere Ausschüttung erwirtschaftet hat als der DWS Inter Genuss. Diese anders geartete Risikostruktur findet ihre Entsprechung übrigens auch in den Kosten der Fondsverwaltung. Im ersten Fall beträgt die jährliche Managementgebühr 1,10 %, im zweiten Fall 0,85 %. Abschließend sei aber noch einmal betont, daß die Betrachtung der Ausschüttungen für sich allein kein Qualitätsmaßstab für einen Fonds darstellt. Die Ergebnisse beider Fonds nähern sich nämlich in erstaunlichem Maße an, wenn die Performance, also die Kursentwicklung einschließlich der Ausschüttungen, über einen Zeitraum von 10 Jahren verglichen wird:

DWS Inter Genuss:

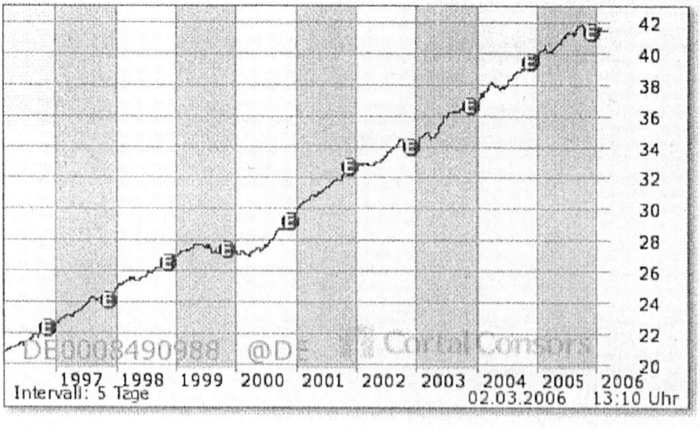

DWS Rendite Spezial:

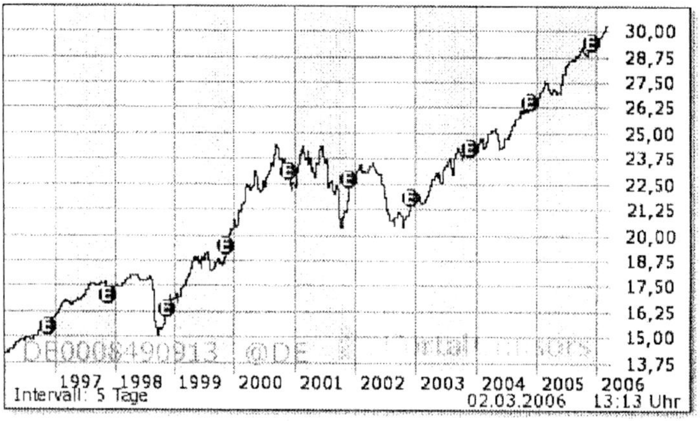

Vor allem aber sollte sich niemand reich rechnen oder von Grafiken oder Zahlen blenden lassen, indem er die Wertentwicklung aus irgendwelchen Tabellen übernimmt. Wesentlich sinnvoller ist es auch in diesem Fall, selbst nachzurechnen. Dies läßt sich sehr einfach dadurch bewerkstelligen, daß der ausgeschüttete Betrag durch den Kurs dividiert wird, zu dem die Anteile erworben wurden. Auf diese Weise wird auch der eventuell vorhandene Ausgabeaufschlag hinreichend berücksichtigt. Die Ergebnisse werden im Normalfall ihre ernüchternde Wirkung nicht verfehlen. Nur am Rande sei an dieser Stelle erwähnt, daß sich die Höhe dieser Ausgabeaufschläge nicht nur bei diversen Direktbanken reduzieren läßt, sondern auch durch den Fondskauf über die Börse, was in vielen Fällen inzwischen möglich ist.

3.3 Kapitalerhaltung im Stiftungsvermögen

Literatur: Carstensen 1996, besonders S. 167 - 209. Carstensen 1999. Hennerkes / Schiffer 2001, S. 107 - 108. [Nicht bei Wallenhorst / Halaczinsky 2004]. Menges 2004, S. 155 - 162. Schauhoff 2005, S. 133 - 134, 137, 160 - 165.

Während ein Verein, der in aller Regel über laufende Einnahmen, aber kein großes Vermögen verfügen wird, nicht zwangsläufig auf die Beobachtung der Geldentwertung angewiesen ist, ist dies für Stiftungen eine eminent wichtige Aufgabe. Im Unterschied zum Vereinsrecht gibt es für diese Aufgabe auch eine gesetzliche Grundlage. Die verschiedenen Stiftungsgesetze der Bundesländer (und darauf beruhend die Satzungen der einzelnen Stiftungen) schreiben die Erhaltung des gestifteten Vermögens vor. Diese Vorschriften lauten zum Beispiel folgendermaßen: „Das Stiftungsvermögen ist in seinem Bestand dauernd und ungeschmälert zu erhalten und möglichst ertragreich anzulegen. Es kann zur Werterhaltung bzw. zur Stärkung seiner Ertragskraft umgeschichtet werden. Dem Stiftungsvermögen wachsen alle Zuwendungen (Zustiftungen) des Stifters oder Dritter zu, sofern diese ausdrücklich dazu bestimmt sind."

Diese zwangsläufig sehr allgemein gehaltenen Bestimmungen bedürfen natürlich einer konkreten Umsetzung. Zunächst könnte darüber diskutiert werden, ob die ungeschmälerte Erhaltung des Bestandes nicht auch dann erfüllt ist, wenn der Nominalwert des Stiftungsvermögens unangetastet bleibt. Wenn ein Stifter zum Beispiel 100.000,- € als Grundstockvermögen zur Verfügung gestellt hat, so wäre es theoretisch denkbar, es dabei zu belassen und die Erträge fortlaufend zu verbrauchen. Es versteht sich von selbst, daß ein solches Verfahren nur dann legitim wäre, wenn es eine absolute Geldwertstabilität gäbe oder das Stiftungsvermögen aus Sachwerten bestehen würde, die keiner Abnutzung unterliegen und eine kontinuierliche Wertsteigerung erfahren. Da aber de facto eine Inflation vorhanden ist (und übrigens auch in früheren Jahrhunderten existierte), scheidet eine solche Auslegung des Bestandserhaltungsgebotes prinzipiell aus, es sei denn, der Stifter hätte ein solches Nominalwertprinzip ausdrücklich vorgeschrieben. Die Stiftung wäre dann auf lange Sicht annähernd dasselbe, wie der Spezialfall einer sogenannten Verbrauchsstiftung, deren Kapital nach dem Willen des Stifters verzehrt wird. Die stiftungsrechtliche Regel der Bestandserhaltung kann aber im Normalfall nur als *reale* Werterhaltung verstanden werden.

a) Das Ziel realer Werterhaltung

Carstensen 1999 hat in seinen Modellrechnungen, die einen Zeitraum von 30 Jahren (1962 bis 1991) umfassen, mit großer Deutlichkeit gezeigt, daß die traditionellen, am Steuerrecht orientierten Verfahren keine Lösung des Problems darstellen. Bei dem von ihm „statisch-traditioneller Ansatz“ genannten Weg wird eine Leistungserhaltungsrücklage in Höhe der jährlichen Inflationsrate gebildet. Bei diesem zunächst plausibel erscheinenden Verfahren ist freilich für den gesamten Zeitraum das ursprüngliche Stiftungskapital die maßgebliche Bezugsgröße. Das Ergebnis ist aber deshalb unzureichend, weil der gewissermaßen negative Zinseszinseffekt, also die fortschreitende Entwertung auch der Leistungserhaltungsrücklage, keine Berücksichtigung findet. Zudem bleibt anzumerken, daß dieses Verfahren selbst nach der jetzigen Rechtslage in Konflikt mit der steuerlichen Gesetzgebung gerät. Carstensen (1999, S. 172) hat für den genannten Untersuchungszeitraum nämlich folgende arithmetische Mittel errechnet: Umlaufrendite 7,62 %, Inflationsrate 3,47 %, Realzins 4,02 % (wegen des unterschiedlichen Zeitbezugs nicht als Differenz beider Werte bestimmt, sondern als Nominalzins minus Inflationsrate geteilt durch 1 plus Inflationsrate). Wenn also die Inflation durch ein Drittel des Ertrags hätte ausgeglichen werden sollen, hätte das Vermögen dauerhaft einen sehr stattlichen Ertrag von 10,41 % abwerfen müssen. Der „steuerrechtliche Ansatz“, die zweite Modellrechnung bei Carstensen, erbringt folglich ein noch schlechteres Ergebnis. Zu bedenken ist darüber hinaus, daß die Abgabenordnung erst seit 1985 eine Rücklage von 25 % des Jahresertrags erlaubt hat. Für die Zeit davor ist daher davon auszugehen, daß Stiftungen erhebliche Einbußen erlitten haben, sofern sie verzinsliche Wertpapiere in ihrem Vermögen hatten.

Theoretisch diskutabel sind also verschiedene Möglichkeiten, auf welche Meßgröße sich das Bestandserhaltungsgebot beziehen soll. Die Bezugsgröße kann nämlich sowohl das Stiftungsvermögen selbst als auch die Erträge sein, die daraus erwirtschaftet werden. Beide Größen unterliegen jedoch nur begrenzt planbaren Schwankungen, die von den allgemeinen Verhältnissen am Kapitalmarkt abhängig sind. Eine Lösung des Problems bietet das dritte Modell, von Carstensen als das „dynamische Gleichgewicht" bezeichnet. Demnach wird der Inflationsverlust Jahr für Jahr kompensiert. Bezugsgröße ist aber nicht das anfängliche Vermögen, sondern der im jeweiligen Jahr erreichte Stand des Vermögens. Nur auf diese Weise kann sichergestellt werden, daß keine Scheinerträge ausgeschüttet werden und damit eine Substanzvernichtung stattfindet. Der Konflikt zwischen steuerrechtlich zulässiger und realer Vermögenserhaltung ist freilich bis heute nicht gelöst. Denkbare Auswege sollen weiter unten skizziert werden.

Jedenfalls wird den Stiftungen nahegelegt, einen Nachweis der Vermögenserhaltung mit Hilfe einer sogenannten Kapitalerhaltungsrechnung zu führen. Der Versuch, die Geldentwertung zu kontrollieren, könnte also in sehr einfacher Form folgendermaßen aussehen:

Stiftungskapital am 1.1.2005	50.000,00 €
Erforderlicher Inflationsausgleich	1.071,76 €
Tatsächliche Zuführung zum Stiftungskapital	1.250,00 €

Maßstab für die Inflation ist der vom Statistischen Bundesamt berechnete Verbraucherpreisindex für Deutschland, der von Dezember 2004 zu Dezember 2005 von 107,3 Punkten auf 109,6 Punkte, mithin um 2,14 % gestiegen ist (bei der Zugrundelegung der Monatswerte ergeben sich leichte Abweichungen von der für das Gesamtjahr berechneten Inflationsrate). Solange die Zuführung zum Stiftungsvermögen größer ist als der erforderliche Inflationsausgleich, findet klar erkennbar keine Erosion des Vermögens statt. In diesem konkreten Beispiel ist das Stiftungsvermögen also angemessen erhalten und sogar noch real ein wenig vermehrt worden. Im Ermessen der Stiftungsverwaltung dürfte es stehen, ob der gewissermaßen zuviel geleistete Inflationsausgleich eigens erwähnt wird oder als eine Art Sicherheitspolster betrachtet werden soll. Im ersteren Fall wäre eine Zeile zu ergänzen:

Überhang Inflationsausgleich .... 178,24 €

Dieser Betrag könnte im nächstfolgenden Jahr herangezogen werden, wenn es nicht gelingen sollte, den dann erforderlichen Inflationsausgleich herbeizuführen. Gleiches gilt, nur mit anderen Vorzeichen, für ein etwaiges Defizit beim Inflationsausgleich. Zu dulden wäre ein solches Defizit allerdings nur dann, wenn eine begründete Aussicht besteht, es demnächst wieder abbauen zu können. Wenn hingegen ein ständig steigendes Defizit ausgewiesen wird, wäre dies dem Vorstand als grobe Fahrlässigkeit zuzurechnen. Im Prinzip sollte schließlich jede gemeinnützige Einrichtung daran interessiert sein, ihre Wirkungsmöglichkeiten auszuweiten.

Die in der Literatur zuweilen vertretene Auffassung, einen stiftungsspezifischen Leistungsindex zu berechnen, ist ein im Prinzip sicherlich richtiger Gedanke. Auf diese Weise könnte den jeweiligen Umständen Rechnung getragen werden, je nachdem die Stiftung ausschließlich Druckkostenzuschüsse vergibt, für Stipendiaten die Zahlung von Mieten übernimmt oder vorrangig die Unterhaltung von Baudenkmälern fördert. Sie hätte dann die Entwicklung ihrer Mittel an den Preissteigerungsraten des Druck- und Verlagswesens, der Mieten oder des Baugewerbes zu messen. In der Praxis dürfte ein solches Verfahren in aller Regel aber viel zu umständlich sein. Der Nutzen solcher Berechnungen wird sich vermutlich deshalb in engen Grenzen halten, weil die bereichsspezifischen Inflationsraten größeren Schwankungen unterworfen sind und weil jede Stiftung unweigerlich auch Gemeinkosten erfordert (Porto, Fahrtkosten, Strom, Telefon etc.), deren Preisentwicklung ohnehin in den Verbraucherpreisindex einfließt.

Was nun aus der obigen, sehr schlichten Kapitalerhaltungsrechnung nicht hervorgeht, ist die Herkunft des Geldes, das dem Stiftungskapital als Inflationsausgleich zugeführt wurde. Die fragliche Summe könnte zum Beispiel vollständig aus Spenden bestehen, sofern diese ausdrücklich zur Vermehrung des Stiftungskapitals bestimmt worden sind und daher nicht zeitnah verwendet werden müssen (vgl. Abgabenordnung § 58 Nr. 11 b und c). Das Geld könnte ebenso zu einem Teil aus Erträgen des Vermögens, zu einem anderen Teil aus derart qualifizierten Spenden bestehen. Die Berechnung der freien Rücklagen ist bereits weiter oben demonstriert worden. Ein Beispiel könnte sich in diesem Falle auf der Einnahmeseite so verhalten:

Einnahmen der Stiftung: .... 3.550,00 €

davon:

Erträge aus Wertpapieren .... 2.100,00 €
Zuschüsse und Drittmittel .... 1.000,00 €
Spenden in das Stiftungsvermögen .... 450,00 €

Berechnung der freien Rücklage:

1/3 der Überschüsse aus Vermögensverwaltung.... 700,00 €
1/10 der sonstigen Mittel .... 100,00 €

Hiermit wären die zulässigen Höchstgrenzen für die Rücklagenbildung, die für Vereine und Stiftungen gleichermaßen gelten, ausgeschöpft. Zusammen mit den Spenden ergibt sich eine mögliche Zuführung zum Stiftungskapital von 1.250,- €. Im Prinzip belanglos ist dabei die Frage, ob die Rücklage separat als Kapitalerhaltungsrücklage geführt wird oder die Gelder, wie es ausdrücklich erlaubt ist, dem Vermögen zugeführt werden. Außer Betracht bleibt auch die Sonderregelung für Stiftungen, nach der in den ersten drei Jahren ihrer Existenz sämtliche Erträge wieder dem Vermögen zufließen dürfen. In diesen Fällen erübrigt sich die Berechnung der freien Rücklagen.

Nun kann es aber keineswegs als sicher angesehen werden, daß der Stiftung Drittmittel und Spenden wirklich und regelmäßig zur Verfügung stehen. Schließlich liegt es in der Natur der Sache, daß auf solche Mittel kein Rechtsanspruch besteht, sofern nicht eine vertragliche Regelung dies vorsieht. Wenn solche Gelder also nicht fließen, würden auf der Einnahmeseite nur die Erträge aus dem Stiftungsvermögen verbleiben. In dem angeführten, vorsichtig kalkulierten Beispiel wären dies 2.100,- €, die bei einem Vermögen von 50.000,- € einer Rendite von 4,2 % entsprechen würden. Da davon maximal 700,- € zurückgelegt werden dürfen, fehlen also 371,76 € zum erforderlichen Inflationsausgleich. Das Stiftungsvermögen würde folglich einen realen Wertverlust erleiden, wogegen die Stiftungsaufsicht einschreiten müßte, wenn sich dieses Problem alljährlich wiederholt.

b) Auswege aus dem Dilemma

Eines der Kernprobleme der Vermögenserhaltung besteht also in den gegenwärtig gültigen steuerrechtlichen Vorschriften zur Rücklagenbildung. Ob sich der Gesetzgeber, der erst seit dem 1. 1. 2000 die Möglichkeiten der Rücklagenbildung ein wenig erleichtert hat (ein Drittel statt vorher ein Viertel der Überschüsse aus Vermögensverwaltung), der Konsequenzen voll bewußt war, kann hier nicht nachgeprüft werden. Verständlich ist die bestehende Regelung aus dem Vereinsrecht heraus, da der Zweck eines Vereins nicht in der Pflege eines Vermögens bestehen kann und soll. Und auch für eine Stiftung gilt, daß die Vermehrung des Vermögens als solche kein gemeinnütziger Zweck sein kann und daher der durch die Satzung inhaltlich definierten Zweckverwirklichung untergeordnet sein muß.

Das Stiftungsrecht nennt diese Regelung, wonach Geld nicht im Vermögen angesammelt werden darf, ohne bestimmte Zwecke zu verwirklichen, das Admassierungsverbot. Die Idee der Stiftung impliziert jedoch, daß ein zur Verfügung gestelltes Kapital die dauerhafte Arbeitsgrundlage darstellt. Insofern muß auch der Gesetzgeber ein Interesse daran haben, daß das Stiftungsvermögen in seinem realen Wert bzw. in seiner realen Ertragskraft erhalten bleibt. Der Verfasser ist daher der Meinung, daß zumindest für Stiftungen unbedingt eine gesonderte Regelung geschaffen werden muß, die in jedem Falle eine Rücklage in Höhe des Wertverlustes durch Inflation zuläßt. Ob und in welchem Umfang bestehende Stiftungen durch die Inflation bereits Schaden erlitten haben, läßt sich in Ermangelung öffentlich zugänglicher Rechnungslegungen nicht nachprüfen.

Wenn man nun unterstellt, daß dem Gesetzgeber der beschriebene Konflikt sehr wohl bewußt war, könnte man der Regelung mit einiger Phantasie auch eine positive Seite abgewinnen. Wenn es nämlich der Stiftung aus eigener Kraft nicht möglich ist, ihre Substanz angemessen zu erhalten, sollte dieser Umstand eine Triebfeder sein, sich um externe Hilfe und um Zusammenarbeit mit anderen Institutionen zu bemühen. Denkbar wäre, wenn dieser unter Umständen heilsame Druck besteht, die gezielte Einwerbung von Spenden ebenso wie das Bemühen um Drittmittel im Zusammenhang mit den von der Stiftung selbst verfolgten Projekten. Insofern besteht ein enger Zusammenhang mit der in Kapitel 4.3. behandelten Thematik des Fundraising. Bei kleinen Vermögensmassen ist aber auch die geschilderte Finanzierungslücke eine überschaubare Größe und daher wohl leichter auszufüllen als bei großen Institutionen. Es bleibt jedenfalls dabei, daß die restriktiven Regelungen der Abgabenordnung einem Grundgedanken des Stiftungswesens widersprechen und offensichtlich korrekturbedürftig sind.

Allerdings sind diese Wege insbesondere für kleine und in der Öffentlichkeit wenig bekannte Stiftungen gewiß beschwerlich und nicht immer erfolgversprechend. Psychologisch gesehen ist es sicherlich in den Augen potentieller Spender ein Nachteil von Stiftungen, daß dort bereits vergleichsweise hohe Geldbeträge vorhanden sind (die aber eben nicht ausgegeben werden dürfen). Bei einem Verein wird dies in der Regel nicht der Fall sein. Der Verein hat überdies den Vorteil, Mitglieder gewinnen und durch seine Arbeit an sich binden zu können. Es ist daher verständlich, wenn große Stiftungen ihrerseits Fördervereine gründen (zum Beispiel die Stiftung KiBa in Hannover, die sich um kirchliche Baudenkmäler bemüht). Auf jeden Fall wird es zunehmend darauf ankommen, eine breitere Öffentlichkeit von den Vorteilen einer Stiftung zu überzeugen.

c) Kapitalerhaltungsrechnungen

Ein weiteres Problem ergibt sich bei den Kapitalerhaltungsrechnungen, wenn bei der Rechnungslegung die Vermögensbestandteile mit dem aktuellen Marktwert veranschlagt werden, nicht aber wie in einer Bilanz niedrigere Buchwerte zugrundegelegt werden (und je nach Marktlage Abschreibungen oder Zuschreibungen vorgenommen werden, wie es vorbildlich etwa die Volkswagenstiftung tut). Allerdings wird sich das Verfahren, tatsächliche Kurswerte zu verwenden, immer dann empfehlen, wenn das Vermögen der Stiftung aus Wertpapieren besteht. Durch die Schwankungen des Marktwertes wird sich zwangsläufig folgendes Bild ergeben, wenn sich der Kurs der Wertpapiere im Laufe eines Jahres um 10 % verringert:

Stiftungskapital am 1.1. des Jahres 1 .... 50.000,00 €
Zuführung zum Stiftungskapital .... 1.250,00 €
Stiftungskapital am 31.12. des Jahres 1 .... 46.250,00 €

Auch für diesen Fall wird man annehmen müssen, daß der erforderliche Inflationsausgleich stattgefunden hat. Steigt nun der Kurs der Wertpapiere im darauffolgenden Jahr um 20 % und wird die Inflation wiederum mit 2,5 % veranschlagt, ergibt sich folgende Rechnung:

Stiftungskapital am 1.1. des Jahres 2 .... 46.250,00 €
Zuführung zum Stiftungskapital .... 1.156,25 €
Stiftungskapital am 31.12. des Jahres 2 .... 56.656,25 €

Da der Kurswert zu Beginn der Rechnungsperiode sehr niedrig lag, fällt auch der Inflationsausgleich geringer als im ersten Rechnungsjahr aus. Diese Schwankungen werden sich jedoch annähernd aufheben, sofern sich die Kurse mal nach oben und mal nach unten bewegen. Im Jahr 3 unserer Beispielrechnung würde der Inflationsausgleich mit 56.656,25 € x 2,5 % =

1.416,41 € erheblich höher liegen. Verzichtet wird bei diesem Verfahren auf stille Reserven, die sich aus Kursgewinnen ergeben. Eine alternative Berechnung könnte nämlich folgendermaßen angestellt werden:

Stiftungskapital am 1.1. des Jahres 1 .... 50.000,00 €
Erforderliches Kapital am 31.12. des Jahres 1 .... 51.250,00 €
Erforderliches Kapital am 31.12. des Jahres 2 .... 52.531,25 €
Tatsächliches Kapital am 31.12. des Jahres 2 .... 56.656,25 €

Nach dieser, natürlich auch völlig legitimen Berechnungsmethode würde eine stille Reserve von 4.125,- € bestehen. Die Stiftung unseres Beispiels könnte daher in den drei folgenden Jahren sämtliche Erträge ausschütten und bräuchte (eine konstante Inflationsrate und keine Kursschwankungen vorausgesetzt) überhaupt keine Vorsorge zu treffen. Besser dürfte es allerdings sein, auf dieses fragwürdige Ruhepolster der stillen Reserven freiwillig zu verzichten. Beide Methoden könnten auch über längere Zeitabschnitte hinweg zur Kontrolle kombiniert werden. In einfacher Weise ginge dies aber nur dann, wenn nicht durch Spenden oder ähnliche Mittel das Stiftungsvermögen zwischendurch immer wieder erhöht wird.

Alle diese Verfahren setzen jedoch voraus, daß bei den Wertpapieren kein dauerhafter Substanzverlust eintritt. Insofern wird bei jeder Rechnungslegung nicht das bloße Zahlenwerk genügen, sondern auch eine inhaltliche Erläuterung notwendig sein. Sollte zum Beispiel eine im Stiftungsvermögen befindliche Aktie durch die Insolvenz des Unternehmens einen Totalverlust erleiden, wäre die Substanz des Stiftungskapitals angegriffen. Für diesen Fall ist es in der Literatur umstritten, ob die Stiftung diesen Verlust ohne Rücksicht auf die steuerrechtlichen Rücklagegrenzen wieder ansparen darf oder ob bei einem nachhaltigen Verlust die Stiftungszwecke künftig eben mit geringeren Erträgen verwirklicht werden müssen (Schauhoff

2005, S. 163). Unerheblich für die Frage der Rücklagenbildung sind im übrigen sogenannte Vermögensumschichtungen. Verkauft etwa eine Stiftung ihr gehörende Aktien mit Gewinn und legt dieses Geld in weniger risikobehaftete Wertpapiere an, so steht ihr dieses Vorgehen jederzeit frei. Zur Debatte steht dann lediglich, sofern es sich um große Teile des Vermögens handelt, ob die Genehmigung der Stiftungsaufsicht eingeholt werden soll oder muß.

d) Grundfragen der Vermögensverwaltung

Literatur: Brockhoff 2002. Lehmann 2003. Fiala / Stenger 2005, S. 114 - 132 und 141 - 162.

Da de facto jeder Vermögenswert, seien es Aktien, Renten oder Immobilien, in seinem Wert schwanken wird, ist der weise Satz geprägt worden: „In der Praxis oszilliert das Stiftungsvermögen typischerweise um den Idealpfad der realen Kapitalerhaltung." (Zitat nach Schauhoff 2005, S. 161). Das Ziel, die Leistungskraft der Stiftung zu erhalten, wird also immer wieder, und zwar auch über größere Zeiträume hinweg, kontrolliert werden müssen. Eine gewisse Möglichkeit, dauernde Wertverluste zu vermeiden, wird im Regelfall auch darin gesehen, einen Teil des Vermögens in sogenannte Sachwerte, also Aktien und Immobilien zu investieren. Dies betrifft nun eine grundsätzliche Frage der Vermögensverwaltung. Über lange Zeiträume hinweg wird man davon ausgehen können, daß Aktien in der Tat durch einen steigenden Wert Inflationsverluste ausgeglichen haben. Betrachtet man aber die Wertentwicklung einzelner Aktien, so kann dieser Wertzuwachs auch mittelfristig durchaus nicht eintreffen (Beispiel: die Aktien der DaimlerChrysler AG in den Jahren 1995 bis 2005). Es erübrigt sich zu erwähnen, daß natürlich auch der Zeitpunkt eine Rolle spielt, wann der fragliche Wert der Stiftung übereignet worden ist. Außerdem wird es für kleine Stiftungen schwer sein, das erhöhte Risiko durch die Anschaffung einer genügenden Zahl verschiedener Aktien zu streuen. Ähnliches gilt für Immobilien, deren Wertentwicklung von Umständen abhängig sein kann, die durch die Stiftung nicht im geringsten beeinflußt werden können (zum Beispiel die Bevölkerungsentwicklung in einer bestimmten Region). Sachwerte können daher nicht ohne weiteres als Königsweg bei der Überlistung der Inflation gelten. Vielmehr wird es sich dringend empfehlen, für jedes einzelne Geschäftsjahr den Versuch zu unternehmen, mit den oben beschriebenen Möglichkeiten der Inflation entgegenzusteuern. Dieses näherungsweise Verfahren dürfte immer noch besser sein, als mit Hilfe von Sachwerten auf einen angeblich automatischen Ausgleich von Substanzverlusten zu hoffen.

Die angeführten Rechenbeispiele setzen natürlich ferner voraus, daß die Wirtschaft nicht durch besondere Krisen völlig aus den Fugen gerät. Eine solche zurückgestaute Inflation gewaltigen Ausmaßes hat es bekanntlich durch die beiden Weltkriege des 20. Jahrhunderts gegeben. Der darauf folgende Zusammenbruch des monetären Systems hat auch viele Stiftungen vernichtet, die oftmals seit Jahrhunderten bestanden. Auch für die Gegenwart ist es nicht auszuschließen, daß die ständig steigende Staatsverschuldung eine zurückgestaute Inflation ist und damit eine latente Gefahr für die Geldwertstabilität darstellt. Mit einer anhaltenden Neuverschuldung oberhalb der von der Europäischen Union gesetzten Grenze von 3 % des Bruttoinlandsprodukts wächst die Verschuldung der öffentlichen Hand, ohne in die offiziell gemessene Inflationsrate der Verbraucherpreise eingerechnet zu werden. Da eine Rückführung dieser enormen Schuldenlast nur durch die Erhöhung der Steuereinnahmen oder indirekt durch eine Ausweitung der Geldmenge möglich sein wird, ist das Ansteigen der Inflation eigentlich eine logische Folge und nur eine Frage der Zeit. Eine Vorsorge oberhalb der derzeitigen Inflationsrate wird also sicher nicht zum Schaden der Sache ausfallen.

Im Hinblick auf frühere Ereignisse ist es nicht von der Hand zu weisen, Sachwerte nicht ganz unberücksichtigt zu lassen. Nun wird aber auch zu Recht darauf hingewiesen, daß zum Beispiel Aktien in aller Regel geringere laufende Erträge (also Dividenden) abwerfen, als Rentenpapiere Zinsen ausschütten. Im Hinblick darauf – abgesehen von der Frage der spezifischen Risiken – wird eine Stiftung wohl gut daran tun, den Aktienanteil im Vermögen nicht zu hoch ansetzen (vgl. Fiala / Stenger

2005, S. 127 - 128). Allgemeine Regeln lassen sich freilich nicht oder nur schwer aufstellen, weil die individuell angemessene Mischung der Vermögenswerte auch von der Höhe und Struktur des Vermögens abhängt. Gerade im Falle von Stiftungen ist es schließlich auch denkbar, daß das gesamte Vermögen aus einer Immobilie besteht, die zudem ausdrücklich erhalten werden soll. Eine solche Konstruktion ist aber mit hohen Risiken behaftet und sollte nach Möglichkeit schon bei der Errichtung einer Stiftung vermieden werden.

Als Muster eines ausgewogenen Portfolios wird zum Beispiel eine Mischung von 60 % Renten(fonds), 20 % Aktien(fonds) und 20 % Immobilienfonds genannt (Fiala / Stenger 2005, S. 149). In anderen Fällen wird eine maximale Aktienquote von 25 % und ein maximaler Fremdwährungsanteil von 50 % festgeschrieben (Richtlinien 2002, S. 7). Daß Investmentfonds neuerdings als „empfehlenswerteste Anlage für Stiftungen" (Fiala / Stenger 2005, S. 126) deklariert werden, wird man nur dann akzeptieren können, wenn man die oben demonstrierten Risiken genauestens erwogen hat sowie den Inhalt und die Kosten des jeweiligen Fonds genau kennt. Jedenfalls läßt sich mit Hilfe von Fonds die angestrebte Verteilung auf die einzelnen Assetklassen (Renten, Aktien, Immobilien) bequem und paßgenau steuern.

Eine halbwegs objektivierte Leistungsmessung dessen, was mit einem Portfolio erwirtschaftet wurde, läßt sich durch den Vergleich mit der jeweiligen Umlaufrendite darstellen. Entsprechende Zeitreihen mit den monatlichen Werten der Renditen inländischer Inhaberschuldverschreibungen werden von der Bundesbank zur Verfügung gestellt. Da diese Zeitreihen jedoch für verschiedene Restlaufzeiten berechnet werden, bleibt es eine Ermessensfrage, welche Reihe einer Berechnung zugrundegelegt werden soll. Näherungsweise Vergleiche sind dadurch möglich, daß bei Fonds die durchschnittlichen Restlaufzeiten berücksichtigt werden. Für 2005 ergab sich bei einer Restlaufzeit von 6 bis 7 Jahren eine durchschnittliche Umlaufrendite von 3,11 %, bei einer Restlaufzeit von 5 bis 6 Jahren eine solche von 3,02 %. Unter Berücksichtigung der Inflationsrate ergibt sich daraus eine höchst kümmerliche Realverzinsung. Der Vergleich mit den oben ermittelten Fondsrenditen hinkt zwar allein schon wegen des abweichenden Geschäftsjahrs, vermittelt aber immerhin einen Eindruck vom Profil des Fonds. Gleichwohl wird dadurch niemals der generelle Zusammenhang durchbrochen, daß höhere Renditen immer auch ein höheres Risiko bedeuten.

4 Soll und Haben des Vereins

Seltsamerweise gibt es nach wie vor kein Gesetz, das gemeinnützigen Organisationen vorschreibt, ihre Finanzen offenzulegen. Zwingend notwendig ist lediglich die Rechenschaft gegenüber der Mitgliederversammlung und die Auskunft gegenüber dem Finanzamt. Darüber hinaus steht es jedoch den Vereinen und Stiftungen frei, ihre Rechnungslegung zu publizieren oder eben nicht zugänglich zu machen. In dieser Rechtslage spiegelt sich offenbar das Staatsverständnis früherer Zeiten, wonach der Bürger Objekt staatlichen Handelns ist, aber durchaus kein Recht hat, dem Tun und Lassen der Behörden auf die Finger zu schauen. Analog dazu gilt auch ein Verein als privatrechtlicher Zusammenschluß, dessen Tätigkeit allein in der Verantwortung seiner Mitglieder liegt. Infolge dieses Rechtszustands sind die finanziellen Verhältnisse sehr zahlreicher Vereine für die Öffentlichkeit eine geheime Verschlußsache und entziehen sich einer demokratischen Kontrolle.

Dieser Zustand ist jedoch deshalb höchst unbefriedigend, weil gemeinnützige Vereine verschiedene Privilegien genießen, die ihnen der Staat unter bestimmten Voraussetzungen gewährt. Zu diesen Vorteilen gehört die Steuerbefreiung bis zu gewissen Freigrenzen, das Recht öffentlicher Spendensammlungen, aber auch indirekte Zuwendungen, wie sie zum Beispiel durch Arbeitsbeschaffungsmaßnahmen häufig praktiziert werden. Im Hinblick darauf ist es nur schwer zu rechtfertigen, wenn weder Zuschüsse bewilligende Behörden noch die interessierte Öffentlichkeit einen Einblick in die Finanzen der jeweiligen Körperschaft erhält. Es wäre daher dringend zu wünschen, daß diese häufig anzutreffende Blockadehaltung in Zukunft einer größeren Offenheit weicht (vgl. Wallenhorst 2004, S. 81).

Solange es keine gesetzlichen Vorschriften gibt, kann den Vereinen nur nachdrücklich ans Herz gelegt werden, von sich aus für eine größere Publizität zu sorgen. Sicherlich würde ein solches Verfahren diversen Verdächtigungen oder Spekulationen über Armut oder Reichtum einer Einrichtung den Boden entziehen. Vor allem aber sollte die Rechnungslegung dazu genutzt werden, sich selbst und anderen Rechenschaft über die inhaltliche Arbeit des Vereins zu geben. Die Literatur rät daher zu Recht, Finanzbericht und Tätigkeitsbericht zu verbinden. Nun wird nicht jeder Finanzbericht eines Kleingartenvereins in pompöser Form gedruckt werden müssen. In vielen Fällen bieten aber ohnehin vorhandene Publikationsorgane sehr wohl die Möglichkeit, Berichte in knapper Form zu veröffentlichen. Eine solche freizügige Informationspolitik wird dem Image eines Vereins auf Dauer sicherlich mehr nutzen als schaden. Nur nebenbei sei erwähnt, daß eine ordnungsgemäße und übersichtliche Rechnungslegung auch die notwendige Zuarbeit für das Finanzamt erheblich erleichtert.

4.1 Rechnungslegung

Literatur: Koss 2004. Wallenhorst / Halaczinsky 2004, S. 29 - 59. Sauer / Luger 2004, S. 29 - 36. Menges 2004, S. 162 - 163. Schauhoff 2005, S. 895 - 954.

Um die praktische Anwendung zu demonstrieren, soll an dieser Stelle kein fiktives Beispiel angeführt werden, sondern auf tatsächliche Verhältnisse zurückgegriffen werden. Bei dem nachfolgenden Kassenbericht handelt es sich um die Rechnungslegung des Vereins für Geschichte der Prignitz e. V., dessen Entstehung und Zweck in Kapitel 1.2. geschildert worden ist. Um dem Grundsatz einer größtmöglichen Transparenz treu zu bleiben, ist auch dieser Kassenbericht für jedermann nachlesbar veröffentlicht (Mitteilungen ... Bd. 6, 2006, S. 194 - 195). Bei dieser Vereinsrechnung handelt es sich zunächst um eine einfache Einnahmen-Ausgaben-Rechnung, da diese Form ohne weiteres verständlich ist und alle anderen Methoden der Buchführung bei dem geringen Haushaltsvolumen viel zu kompliziert wären.

Andere Notwendigkeiten würden sich freilich ergeben, sobald Ausstattungsgegenstände vorhanden wären, die über einen längeren Zeitraum abgeschrieben werden müßten. In diesen Fällen würde es nicht mehr genügen, mit Hilfe der Einnahmen-Ausgaben-Rechnung die bloßen Geldströme darzustellen. Ergänzend dazu sind hier jedoch die vorhandenen Rücklagen und Vermögenswerte dargestellt. Anstelle einer gesonderten Mittelverwendungsrechnung wurde mit Hilfe einer Anmerkung erläutert, welche Summen für welchen Zweck eingesetzt wurden. Etwas kompliziert stellt sich lediglich diejenige Summe dar, die in Fondsanteilen eines geldmarktnahen Fonds angelegt war. Da sich darin steuerrechtlich verschieden zu behandelnde Gelder befanden, wurden die einzelnen Bestandteile mit Davon-Vermerken erläutert. Im übrigen ist aus dem Bestand des Girokontos ersichtlich, daß ein weiterer Mittelüberhang bzw. Verwendungsrückstand aus 2005 in Höhe von (626,81 € minus zulässige freie Rücklage von 501,50 €) = 125,31 € besteht. Wie die freie Rücklage zu berechnen ist, wurde als bekannt vorausgesetzt (nämlich ein Drittel der Zinsen = 101,46 € plus 10 % der übrigen Einnahmen = 400,04 €, also zusammen 501,50 €).

Kassenbericht für das Jahr 2005

1. Einnahmen-Ausgaben-Rechnung

Bestand Girokonto am 1. Januar 2005: .... 6.273,46 €

- Einnahmen: .... 4.304,79 €

davon:

Mitgliedsbeiträge .... 2.125,00 €
Spenden (767,-) und Exkursionsbeitrag .... 860,01 €
Zinsen Sparbriefe .... 304,38 €
Verkauf Mitteilungen .... 1.015,40 €

- Ausgaben: .... 9.951,44 €

davon:

Porto, Büromaterial, Bank .... 513,65 €
Fahrtkosten .... 385,50 €
Zuschüsse, Beiträge, Honorar .... 1.621,94 €
Zuführung Rücklagen (Depot Deka-Bank) .... 6.000,00 €
Zuführung Freie Rücklage (Sparbrief) .... 500,00 €
Druck Mitteilungen .... 930,35 €

Bestand Girokonto am 31. Dezember 2005: .... 626,81 €

Davon Freie Rücklage aus 2005: .... 501,50 €

2. Rücklagen und Vermögensrechnung

Depot Deka-Bank 31. Dezember 2005: .... 6.054,77 €
Kauf 150,565 Stück Deka-Euroflex Plus WKN 76 59 84 am 21.3.2005 zu 39,85 € = 6.000,- €.
31.12.05: 150,317 Stück zu 40,28 € = 6054,77 €
Davon Projektrücklage Stiftung:......................... 4.500,00 €
Davon Mittelüberhang aus 2005:........................ 1.188,25 €
Davon Rest Freie Rücklage aus 2004: .... 366,52 €

Projektrücklage Druckkosten nach § 58 Nr. 6 AO:
Sparbrief 10.03.03/08 zu 2,8 % .... 5.000,00 €
Sparbrief 03.11.03/08 zu 2,75 % .... 5.000,00 €

Freie Rücklage nach § 58 Nr. 7 a AO aus 2003:
Sparbrief 24.09.04/10 zu 3,0 % .... 500,00 €

Freie Rücklage nach § 58 Nr. 7 a AO aus 2004:
Sparbrief 16.03.05/12 zu 3,0 % .... 500,00 €

Anmerkung: Der Mittelüberhang aus 2004 in Höhe von 906,94 € wurde vom Bestand des Girokontos im Dezember 2005 ausgegeben durch die Weitergabe der Mittel an den Verein Freunde und Förderer des Prignitz-Museums e. V. sowie an den Verein für die Restaurierung und Erhaltung der Orgel der St. Katharinenkirche zu Lenzen e. V. Die Summe ist unter dem Titel „Zuschüsse, Beiträge, Honorar“ in der obigen Ausgabenrechnung enthalten.

Bei der Gliederung des Kassenberichtes wurde zugleich stillschweigend versucht, das in der Literatur empfohlene Vier-Sphären-Modell zu berücksichtigen. Auf diese Weise läßt sich im Bedarfsfall gegenüber dem Finanzamt unschwer darlegen, welche Umsätze in welchen Bereichen getätigt wurden. Aus der folgenden Aufstellung ist ersichtlich, daß kein wirtschaftlicher Geschäftsbetrieb unterhalten wurde, der als vierte Sphäre hätte angeführt werden müssen. Dies und das geringe Volumen vereinfachen die Form und die steuerliche Beurteilung natürlich erheblich. Würde man die Vereinsrechnung des vorhergehenden Jahres dementsprechend aufgliedern, würde sich folgendes Bild ergeben (hier ohne Aufzählung der bereits vorhandenen Rücklagen):

Kassenbericht für das Jahr 2004

1. Einnahmen-Ausgaben-Rechnung

Bestand Girokonto am 1. Januar 2004:.................... 1.829,37 €

- Einnahmen: .... 8.008,20 €

A. Ideeller Bereich

Mitgliedsbeiträge .... 2.200,00 €
Spenden und Drittmittel .... 4.558,66 €

B. Vermögensverwaltung

Zinsen Sparbriefe .... 281,54 €

C. Zweckbetriebe

Verkauf Mitteilungen .... 968,00 €

- Ausgaben: .... 3.564,11 €

A. Ideeller Bereich

Porto, Büromaterial, Bank .... 552,98 €
Fahrtkosten .... 355,80 €
Zuschüsse und Beiträge an Vereine .... 225,00 €

B. Vermögensverwaltung

Rückbuchungen und Gebühren .... 196,00 €
Zuführung Rücklagen .... 500,00 €

C. Zweckbetriebe

Druck Mitteilungen und Faltblätter .... 1.734,33 €

Bestand Girokonto am 31. Dezember 2004:............ 6.273,46 €

Davon Projektrücklage Stiftung: .... 4.500,00 €
Davon Freie Rücklage aus 2004: .... 866,52 €

Nun ist die Jahresrechnung natürlich etwas anderes als die gesammelten Kontoauszüge oder das Kassenbuch. Insofern kann die Rechnung niemals jeden einzelnen Zahlungsvorgang darstellen. Es muß daher ganz individuell überlegt werden, zu welchen Positionen die Zahlungen zusammengefaßt werden können. Welche Lösung dafür gefunden wird, hängt selbstredend von den jeweiligen Tätigkeitsfeldern des Vereins ab. Vor allem aber sollte darauf geachtet werden, die Gliederung der Rechnung über die Jahre hinweg möglichst konstant zu halten, um Vergleiche zu ermöglichen und Entwicklungen zu erkennen.

4.2 Ein Blick auf Einnahmen und Ausgaben

Zu Recht wird darauf hingewiesen (Koss 2004, S. 17 - 18), daß Rechnungen nicht nur bereits vergangene Geschäftsvorfälle dokumentieren sollen, sondern auch der künftigen Planung und der Selbstkontrolle dienen sollen. Diese interne Kontrollfunktion wird sich jedoch nur dann verwirklichen lassen, wenn auf der Grundlage der Jahresrechnungen Entwicklungen über einen längeren Zeitraum hinweg verfolgt werden. Aus solchen separat zu erstellenden Zahlenwerken lassen sich auch Schlüsse für die künftige Arbeit der Organisation ziehen oder Defizite erkennen. Eine Aufbereitung des Zahlenmaterials für den Verein für Geschichte der Prignitz sieht in Tabellenform folgendermaßen aus:

Analyse der Einnahmen:

	Beiträge	Spenden	Verkauf	Exkursion	Zinsen	Summe
1999	306,78	529,19	0,00	0,00	0,00	835,97
2000	1.043,04	265,87	0,00	270,98	0,00	1.579,89
2001	1.615,68	1.769,07	247,98	347,68	0,00	3.980,41
2002	1.490,90	3.679,56	1.099,04	0,00	0,00	6.269,50
2003	1.995,00	2.713,55	1.135,00	280,00	230,40	6.353,95
2004	2.200,00	4.558,66	968,00	0,00	281,54	8.008,20
2005	2.125,00	767,00	1.015,40	93,01	304,38	4.304,79

Anmerkung: In den Spenden sind auch Drittmittel (Fördermittel) enthalten. Der Mitgliedsbeitrag von ursprünglich 40,- DM wurde ab 2002 auf 25,- € angehoben.

Analyse der Ausgaben:

	Druck	Büro	Fahrten	Sonstiges	Rücklagen	Summe
1999	0,00	0,00	0,00	136,36	0,00	136,36
2000	0,00	125,18	125,49	87,64	0,00	338,31
2001	1.215,62	369,28	422,00	298,85	0,00	2.305,75
2002	1.546,74	289,79	352,15	0,00	0,00	2.188,68
2003	1.370,67	226,25	370,80	185,50	10.000,00	12.153,22
2004	1.603,66	552,98	355,80	551,67	500,00	3.564,11
2005	930,35	513,65	385,50	1.621,94	6.500,00	9.951,44

Anmerkung: Die Druckkosten 2004 sind gegenüber dem Kassenbericht ohne die Kosten für Faltblätter (130,67 €) ausgewiesen (diese sind hier unter Sonstiges verbucht).

Aus diesen Tabellen sind auch ohne graphische Darstellung mehrere Dinge zu erkennen. So wäre es zum Beispiel allein aufgrund der Beitragszahlungen zunächst nicht möglich gewesen, die ab 2001 erscheinende Zeitschrift auf Dauer zu finanzieren. Allerdings konnten die Druckkosten ab 2005 durch ein anderes Verfahren drastisch gesenkt werden, so daß sie erstmals unter den Verkaufserlösen lagen. Dabei ist freilich nicht der ehrenamtliche Arbeitsaufwand berücksichtigt, der sich nicht in den Zahlen niederschlagen kann. Bei den Ausgaben ist ferner ein Anstieg der Verwaltungskosten zu beobachten, die für den laufenden Geschäftsaufwand unvermeidlich sind und nicht unterschätzt werden dürfen.

Auf der Einnahmeseite erweisen sich die Mitgliedsbeiträge als die stabilste Säule. Starke Schwankungen sind dagegen bei den Spenden und Drittmitteln zu verzeichnen, die teilweise an bestimmte Projekte gebunden waren und sich darum in den Folgejahren nicht wiederholen lassen. Natürlich ließen sich die einzelnen Zahlenreihen auch in Form von Diagrammen visualisieren. Allerdings wäre deren Aussagekraft ohne zusätzliche Erläuterungen und wegen der relativ kurzen Zeitspanne wenig überzeugend. Eine Übersicht des Mitgliederbestands des Vereins ist dagegen einfacher und übersichtlicher (die Zahlen entsprechen ebenfalls den tatsächlichen Verhältnissen, sind jedoch nicht immer zu genau demselben Stichtag erhoben):

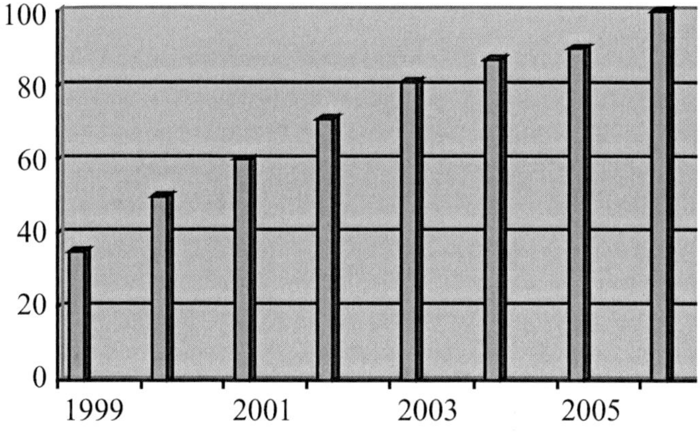

Mitgliederbestand des Vereins für Geschichte der Prignitz

4.3 Schnellkurs Fundraising

Literatur: Haibach 1996. Haibach 1998. Scheibe-Jaeger 1998. Urselmann 1999. Bortoluzzi Dubach / Frey 2000. Fabisch 2002. Menges 2004, S. 104 - 139. Klein 2005.

Abschließend sei noch ein kurzer Blick auf das Thema Fundraising geworfen, da kaum noch eine Organisation sich diesem Aufgabenfeld völlig wird entziehen können (die folgende Zusammenfassung beruht im wesentlichen auf dem Buch von Haibach 1996).

- Menschen müssen motiviert werden, sich in Form von Spenden für das Gemeinwohl zu engagieren. Spenden (zu unterscheiden vom Sponsoring mit konkreten Gegenleistungen!) sind als Sonderausgaben absetzbar (in der Regel bis 5 % des Gesamtbetrags der Einkünfte bzw. des Gewinns).

- Das Einwerben von Spenden sollte sich nicht auf gelegentliche Bettelbriefe beschränken, sondern als eigenständige Organisationsaufgabe begriffen werden. Fundraising ist Investition in die Zukunft.

- Obwohl für kleine Organisationen kaum ein professionelles Management in Frage kommt, müssen doch Verantwortlichkeiten festgelegt werden sowie Inhalte und Ziele vorher geklärt werden. Insbesondere Vorstandsmitglieder sind in die Pflicht genommen, neue Kontakte zu erschließen.

- Fundraising setzt eine positive Einstellung zur Sache voraus. Ebenso müssen aber die Interessen potentieller Spender wahrgenommen werden. Fundraising funktioniert nicht nach dem Zufallsprinzip, sondern setzt eine mindestens mittelfristige Planung voraus.

- Auch Nonprofit-Organisationen müssen ihre Dienstleistungen an das Publikum bringen und sollten daher auch dessen Wünsche und Bedürfnisse kennen.

- Vereinssatzungen reichen in aller Regel nicht aus, um die „corporate identity" hinreichend zu beschreiben, also Sinn und Zweck der Organisation klar zu definieren. Wenn aber private Geldgeber überzeugt werden sollen, muß das Leistungsprofil der Organisation in verständlicher und ansehnlicher Form vermittelbar sein.

- Fundraising setzt Marktforschung voraus: Neben der Beobachtung der Konkurrenz gehört dazu die Definition von Zielgruppen (öffentliche Fördergeber; private Fördergeber wie Einzelpersonen, Unternehmen, Stiftungen, Vereine sowie Multiplikatoren wie Sympathisanten, Politiker, Journalisten).

- Ziel ist die Herstellung möglichst langfristiger Beziehungen. Es lohnt sich, Spendenmotive zu analysieren (allgemeine Wertvorstellungen, Verbundenheit mit einer Region, Einflußnahme, Steigerung des Selbstwertgefühls). Förderer erwarten mehr, als lediglich Geld abgeben zu dürfen. Das Vertrauen der Spender läßt sich am besten durch Information herstellen. Förderer erwarten eine baldige Anerkennung (auch eine unaufgeforderte Spendenbescheinigung) durch möglichst persönliche Kommunikation. Es ist sinnvoll, konkrete Projekte zu benennen.

- Von besonderer Wichtigkeit ist eine sorgfältig geführte Spenderkartei (mit Anschrift und Eingang von Spenden). Je höher Einkommen und Bildungsstand, desto höher die Spendenbereitschaft. Persönliche Kontakte stoßen auf die größte Resonanz. Ein Spendenrundbrief pro Jahr ist keine hinreichende Kontaktpflege. Die Suche nach Großspendern lohnt sich, bedarf aber intensiver Vorarbeit.

- Ein Fundraising-Gespräch muß gut vorbereitet werden (Klarheit über das Projekt mit konkreten Kosten, persönliche Bekanntschaft, Info-Material, Überwindung von Hemmungen).

- Spendenbriefe kommen eher für Kleinspenden in Frage. Sie sind nebenbei eine effiziente Möglichkeit, über die Organisation zu informieren. Durch Postversand entsteht zunächst ein finanzielles Risiko. Die Rücklaufquote kann bei unbekannten Adressaten unter 1 % liegen. Oftmals werden Anschreiben beiseite gelegt, ohne die Sache generell abzulehnen. Erneute Briefe (drei bis vier pro Jahr) sollten mit einem Informationsanlaß verbunden sein (Jahrestagung, Abschluß einer Maßnahme, Jubiläum). Lokalzeitungen sind wichtige Verbündete.

- Benefizveranstaltungen sind ein probates Mittel, bei denen freilich Aufwand und Nutzen abzuwägen sind. Spendenwerbung mittels Medien hat eine hohe Erfolgsquote. Haus- und Straßensammlungen bedürfen vorhergehender Ankündigung und der Genehmigung durch die Ordnungsämter. Spenden sind auch zu besonderen Anlässen, z. B. runden Geburtstagen, sinnvoll.

- Stiftungen werden sich nur dann gewinnen lassen, wenn Förderzweck und Förderhöhe passen. Mit Jammern und Betteln kommt man nicht zum Zuge. Wichtig ist die Idee, die zur Förderung motivieren kann.

- Die Suche nach Förderern aus der Wirtschaft ist mühevoll und arbeitsintensiv (Faustregel: eine Zusage auf 40 Absagen!). „Türöffner“ spielen eine wichtige Rolle. Zentrale Voraussetzung ist ein klares Leistungsprofil der anfragenden Organisation. Unternehmen vergeben Spenden, um sich bei ihren Zielgruppen zu profilieren. Kleine Organisationen haben die größten Chancen bei ortsansässigen Unternehmen.

5 Quellentexte

Literatur: Abgabenordnung 2003, S. 29 - 33 und S. 202 - 210 (= Vorlage des Abdrucks). Sauer / Luger 2004, S. 222 - 250.

Nachfolgend werden in Auszügen die Paragraphen 55, 58 und 63 der Abgabenordnung abgedruckt. In kursiver Schrift werden um der besseren Übersicht willen und analog zu dem Verfahren bei Sauer / Luger 2004 die entsprechenden Abschnitte des Anwendungserlasses zur Abgabenordnung eingefügt. Auch hierbei erfolgt eine Beschränkung auf die für die hier behandelte Problematik wichtigsten Teile. Fehlende Passagen sind an der springenden Numerierung unschwer zu erkennen. Von der Vorlage übernommen wurde die nichtamtliche Satzzählung.

Abgabenordnung, Dritter Abschnitt: Steuerbegünstigte Zwecke

§ 55 Selbstlosigkeit. [...]

Absatz 1 Nr. 5: [1]Die Körperschaft muss ihre Mittel grundsätzlich zeitnah für ihre steuerbegünstigten satzungsmäßigen Zwecke verwenden. [2]Verwendung in diesem Sinne ist auch die Verwendung der Mittel für die Anschaffung oder Herstellung von Vermögensgegenständen, die satzungsmäßigen Zwecken dienen. [3]Eine zeitnahe Mittelverwendung ist gegeben, wenn die Mittel spätestens in dem auf den Zufluss folgenden Kalender- oder Wirtschaftsjahr für die steuerbegünstigten satzungsmäßigen Zwecke verwendet werden.

AEAO zu § 55 Abs. 1 Nr. 5:

26. [1]Die Körperschaft muss ihre Mittel grundsätzlich zeitnah für ihre steuerbegünstigten satzungsmäßigen Zwecke verwenden. [2]Verwendung in diesem Sinne ist auch die Verwendung der Mittel für die Anschaffung oder Herstellung von Vermö-

gensgegenständen, die satzungsmäßigen Zwecken dienen (z. B. Bau eines Altenheims, Kauf von Sportgeräten oder medizinischen Geräten). [3]Die Bildung von Rücklagen ist nur unter den Voraussetzungen des § 58 Nrn. 6 und 7 zulässig. [4]Davon unberührt bleiben Rücklagen in einem steuerpflichtigen wirtschaftlichen Geschäftsbetrieb und Rücklagen im Bereich der Vermögensverwaltung (vgl. Nr. 3). [5]Die Verwendung von Mitteln, die zeitnah für die steuerbegünstigten Zwecke zu verwenden sind, für die Ausstattung einer Körperschaft mit Vermögen ist ein Verstoß gegen das Gebot der zeitnahen Mittelverwendung, es sei denn, die Mittel werden von der empfangenden Körperschaft zeitnah für satzungsmäßige Zwecke verwendet, z. B. für die Errichtung eines Altenheims.

27. [1]Eine zeitnahe Mittelverwendung ist gegeben, wenn die Mittel spätestens in dem auf den Zufluss folgenden Kalender- oder Wirtschaftsjahr für die steuerbegünstigten satzungsmäßigen Zwecke verwendet werden. [2]Am Ende des Kalender- oder Wirtschaftsjahres noch vorhandene Mittel müssen in der Bilanz oder Vermögensaufstellung der Körperschaft zulässigerweise dem Vermögen oder einer zulässigen Rücklage zugeordnet oder als im zurückliegenden Jahr zugeflossene Mittel, die im folgenden Jahr für die steuerbegünstigten Zwecke zu verwenden sind, ausgewiesen sein. [3]Soweit Mittel nicht schon im Jahr des Zuflusses für die steuerbegünstigten Zwecke verwendet oder zulässigerweise dem Vermögen zugeführt werden, ist ihre zeitnahe Verwendung nachzuweisen, zweckmäßigerweise durch eine Nebenrechnung (Mittelverwendungsrechnung).

28. [1]Nicht dem Gebot der zeitnahen Mittelverwendung unterliegt das Vermögen der Körperschaften, auch soweit es durch Umschichtungen entstanden ist (z. B. Verkauf eines zum Vermögen gehörenden Grundstücks einschließlich des den Buchwert übersteigenden Teils des Preises). [2]Außerdem kann eine Körperschaft die in § 58 Nrn. 11 und 12 bezeichneten Mittel ohne für die Gemeinnützigkeit schädliche Folgen ihrem Vermögen zuführen.

§ 58 Steuerlich unschädliche Betätigungen. Die Steuervergünstigung wird nicht dadurch ausgeschlossen, dass

1. eine Körperschaft Mittel für die Verwirklichung der steuerbegünstigten Zwecke einer anderen Körperschaft oder für die Verwirklichung steuerbegünstigter Zwecke durch eine Körperschaft des öffentlichen Rechts beschafft; die Beschaffung von Mitteln für eine unbeschränkt steuerpflichtige Körperschaft setzt voraus, dass diese selbst steuerbegünstigt ist,

AEAO zu § 58 Nr. 1:

1. [1]Diese Ausnahmeregelung ermöglicht, so genannte Fördervereine und Spendensammelvereine als steuerbegünstigte Körperschaften anzuerkennen. [2]Die Beschaffung von Mitteln muss als Satzungszweck festgelegt sein. [3]Ein steuerbegünstigter Zweck, für den Mittel beschafft werden sollen, muss in der Satzung angegeben sein. [4]Es ist nicht erforderlich, die Körperschaften, für die Mittel beschafft werden sollen, in der Satzung aufzuführen. [5]Die Körperschaft, für die Mittel beschafft werden, muss nur dann selbst steuerbegünstigt sein, wenn sie eine unbeschränkt steuerpflichtige Körperschaft ist. [6]Diese Voraussetzung gilt auch für die Beschaffung von Mitteln für einen Betrieb gewerblicher Art einer juristischen Person des öffentlichen Rechts (§ 4 KStG). [7]Werden Mittel für nicht unbeschränkt steuerpflichtige Körperschaften beschafft, muss die Verwendung der Mittel für die steuerbegünstigten Zwecke ausreichend nachgewiesen werden.

2. eine Körperschaft ihre Mittel teilweise einer anderen, ebenfalls steuerbegünstigten Körperschaft oder einer Körperschaft

des öffentlichen Rechts zur Verwendung zu steuerbegünstigten Zwecken zuwendet,

AEAO zu § 58 Nr. 2:

2. [1]Die teilweise (nicht überwiegende) Weitergabe eigener Mittel (auch Sachmittel) ist unschädlich. [2]Ausschüttungen und sonstige Zuwendungen einer steuerbegünstigten Körperschaft sind unschädlich, wenn die Gesellschafter oder Mitglieder als Begünstigte ausschließlich steuerbegünstigte Körperschaften sind.

3. eine Körperschaft ihre Arbeitskräfte anderen Personen, Unternehmen oder Einrichtungen für steuerbegünstigte Zwecke zur Verfügung stellt,

4. eine Körperschaft ihr gehörende Räume einer anderen steuerbegünstigten Körperschaft zur Benutzung für deren steuerbegünstigte Zwecke überlässt,

5. eine Stiftung einen Teil, jedoch höchstens ein Drittel ihres Einkommens dazu verwendet, um in angemessener Weise den Stifter und seine nächsten Angehörigen zu unterhalten, ihre Gräber zu pflegen und ihr Andenken zu ehren,

6. eine Körperschaft ihre Mittel ganz oder teilweise einer Rücklage zuführt, soweit dies erforderlich ist, um ihre steuerbegünstigten satzungsmäßigen Zwecke nachhaltig erfüllen zu können,

AEAO zu § 58 Nr. 6:

9. [1]Bei der Bildung der Rücklage nach § 58 Nr. 6 kommt es nicht auf die Herkunft der Mittel an. [2]Der Rücklage dürfen also

auch zeitnah zu verwendende Mittel wie z. B. Spenden zugeführt werden.

10. [1]Voraussetzung für die Bildung einer Rücklage nach § 58 Nr. 6 ist in jedem Fall, dass ohne sie die steuerbegünstigten satzungsmäßigen Zwecke nachhaltig nicht erfüllt werden können. [2]Das Bestreben, ganz allgemein die Leistungsfähigkeit der Körperschaft zu erhalten, reicht für eine steuerlich unschädliche Rücklagenbildung nach dieser Vorschrift nicht aus (hierfür können nur freie Rücklagen nach § 58 Nr. 7 gebildet werden, vgl. Nrn. 13 bis 17). [3]Vielmehr müssen die Mittel für bestimmte – die steuerbegünstigten Satzungszwecke verwirklichende – Vorhaben angesammelt werden, für deren Durchführung bereits konkrete Zeitvorstellungen bestehen. [4]Besteht noch keine konkrete Zeitvorstellung, ist eine Rücklagenbildung zulässig, wenn die Durchführung des Vorhabens glaubhaft und bei den finanziellen Verhältnissen der steuerbegünstigten Körperschaft in einem angemessenen Zeitraum möglich ist. [5]Die Bildung von Rücklagen für periodisch wiederkehrende Ausgaben (z. B. Löhne, Gehälter, Mieten) in Höhe des Mittelbedarfs für eine angemessene Zeitperiode ist zulässig (so genannte Betriebsmittelrücklage). [6]Ebenfalls unschädlich ist die vorsorgliche Bildung einer Rücklage zur Bezahlung von Steuern außerhalb eines steuerpflichtigen wirtschaftlichen Geschäftsbetriebs, solange Unklarheit darüber besteht, ob die Körperschaft insoweit in Anspruch genommen wird. [7]Die Bildung einer Rücklage kann nicht damit begründet werden, dass die Überlegungen zur Verwendung der Mittel noch nicht abgeschlossen sind.

7. a) eine Körperschaft höchstens ein Drittel des Überschusses der Einnahmen über die Unkosten aus Vermögensverwaltung und darüber hinaus höchstens 10 vom Hundert ihrer sonstigen nach § 55 Abs. 1 Nr. 5 zeitnah zu verwendenden Mittel einer freien Rücklage zuführt,

AEAO zu § 58 Nr. 7:

13. [1]Der freien Rücklage (§ 58 Nr. 7 Buchstabe a) darf jährlich höchstens ein Drittel des Überschusses der Einnahmen über die Unkosten aus der Vermögensverwaltung zugeführt werden. [2]Unter Unkosten sind Aufwendungen zu verstehen, die dem Grunde nach Werbungskosten sind.

14. [1]Darüber hinaus kann die Körperschaft höchstens 10 v. H. ihrer sonstigen nach § 55 Abs. 1 Nr. 5 zeitnah zu verwendenden Mittel einer freien Rücklage zuführen. [2]Mittel im Sinne dieser Vorschrift sind die Überschüsse bzw. Gewinne aus steuerpflichtigen wirtschaftlichen Geschäftsbetrieben und Zweckbetrieben sowie die Bruttoeinnahmen aus dem ideellen Bereich. [3]Bei Anwendung der Regelungen des § 64 Abs. 5 und 6 können in die Bemessungsgrundlage zur Ermittlung der Rücklage statt der geschätzten bzw. pauschal ermittelten Gewinne die tatsächlichen Gewinne einbezogen werden. [4]Verluste aus Zweckbetrieben sind mit entsprechenden Überschüssen zu verrechnen; darüber hinaus gehende Verluste mindern die Bemessungsgrundlage nicht. [5]Das gilt entsprechend für Verluste aus dem einheitlichen wirtschaftlichen Geschäftsbetrieb. [6]Ein Überschuss aus der Vermögensverwaltung ist – unabhängig davon, inwieweit er in eine Rücklage eingestellt wurde – nicht in die Bemessungsgrundlage für die Zuführung aus den sonstigen zeitnah zu verwendenden Mitteln einzubeziehen. [7]Ein Verlust aus der Vermögensverwaltung mindert die Bemessungsgrundlage nicht.

15. [1]Wird die Höchstgrenze nach den Nrn. 13 und 14 nicht voll ausgeschöpft, so ist eine Nachholung in späteren Jahren nicht zulässig. [2]Die steuerbegünstigte Körperschaft braucht die freie Rücklage während der Dauer ihres Bestehens nicht aufzulösen. [3]Die in die Rücklage eingestellten Mittel können auch dem Vermögen zugeführt werden.

7. b) eine Körperschaft Mittel zum Erwerb von Gesellschaftsrechten zur Erhaltung der prozentualen Beteiligung an Kapitalgesellschaften ansammelt oder im Jahr des Zuflusses verwendet; diese Beträge sind auf die nach Buchstabe a in demselben Jahr oder künftig zulässigen Rücklagen anzurechnen,

AEAO zu § 58 Nrn. 6 und 7:

18. [1]Ob die Voraussetzungen für die Bildung einer Rücklage gegeben sind, hat die steuerbegünstigte Körperschaft dem zuständigen Finanzamt im Einzelnen darzulegen. [2]Weiterhin muss sie die Rücklagen nach § 58 Nrn. 6 und 7 in ihrer Rechnungslegung – ggf. in einer Nebenrechnung – gesondert ausweisen, damit eine Kontrolle jederzeit und ohne besonderen Aufwand möglich ist (BFH-Urteil vom 20. 12. 1978, BStBl. II 1979 S. 496).

8. eine Körperschaft gesellige Zusammenkünfte veranstaltet, die im Vergleich zu ihrer steuerbegünstigten Tätigkeit von untergeordneter Bedeutung sind,

9. ein Sportverein neben dem unbezahlten auch den bezahlten Sport fördert,

10. eine von einer Gebietskörperschaft errichtete Stiftung zur Erfüllung ihrer steuerbegünstigten Zwecke Zuschüsse an Wirtschaftsunternehmen vergibt,

11. eine Körperschaft folgende Mittel ihrem Vermögen zuführt:

a) Zuwendungen von Todes wegen, wenn der Erblasser keine Verwendung für den laufenden Aufwand der Körperschaft vorgeschrieben hat,

b) Zuwendungen, bei denen der Zuwendende ausdrücklich erklärt, dass sie zur Ausstattung der Körperschaft mit Vermögen oder zur Erhöhung des Vermögens bestimmt sind,

c) Zuwendungen aufgrund eines Spendenaufrufs der Körperschaft, wenn aus dem Spendenaufruf ersichtlich ist, dass Beträge zur Aufstockung des Vermögens erbeten werden,

d) Sachzuwendungen, die ihrer Natur nach zum Vermögen gehören,

AEAO zu § 58 Nr. 11:

21. [1]Bei den in der Vorschrift genannten Zuwendungen ist es ausnahmsweise zulässig, grundsätzlich zeitnah zu verwendende Mittel dem zulässigen Vermögen zuzuführen. [2]Die Aufzählung ist abschließend. [3]Unter Sachzuwendungen, die ihrer Natur nach zum Vermögen gehören, sind Wirtschaftsgüter zu verstehen, die ihrer Art nach von der Körperschaft im ideellen Bereich, im Rahmen der Vermögensverwaltung oder im wirtschaftlichen Geschäftsbetrieb genutzt werden können. [4]Werden Mittel nach dieser Vorschrift dem Vermögen zugeführt, sind sie aus der Bemessungsgrundlage für Zuführungen von sonstigen zeitnah zu verwendenden Mitteln nach § 58 Nr. 7 Buchstabe a herauszurechnen.

12. eine Stiftung im Jahr ihrer Errichtung und in den zwei folgenden Kalenderjahren Überschüsse aus der Vermögensverwaltung und die Gewinne aus wirtschaftlichen Geschäftsbetrieben (§ 14) ganz oder teilweise ihrem Vermögen zuführt.

AEAO zu § 58 Nr. 12:

22. [1]Stiftungen dürfen im Jahr ihrer Errichtung und in den zwei folgenden Kalenderjahren Überschüsse und Gewinne aus der

Vermögensverwaltung, aus Zweckbetrieb und aus steuerpflichtigen wirtschaftlichen Geschäftsbetrieben ganz oder teilweise ihrem Vermögen zuführen. [2]Für sonstige Mittel, z. B. Zuwendungen und Zuschüsse, gilt diese Regelung dagegen nicht. [3]Liegen in einem Kalenderjahr positive und negative Ergebnisse aus der Vermögensverwaltung, aus den Zweckbetrieben und dem einheitlichen steuerpflichtigen wirtschaftlichen Geschäftsbetrieb vor, ist eine Zuführung zum Vermögen auf den positiven Betrag begrenzt, der nach der Verrechnung der Ergebnisse verbleibt.

AEAO zu § 58 Nr. 2 bis 12:

23. [1]Die in § 58 Nrn. 2 bis 9, 11 und 12 genannten Ausnahmetatbestände können auch ohne entsprechende Satzungsbestimmung verwirklicht werden. [2]Entgeltliche Tätigkeiten nach § 58 Nrn. 3, 4 oder 8 begründen einen steuerpflichtigen wirtschaftlichen Geschäftsbetrieb oder Vermögensverwaltung (z. B. Raumüberlassung). [3]Bei den Regelungen des § 58 Nrn. 5, 10 und 12 kommt es jeweils nicht auf die Bezeichnung der Körperschaft als Stiftung, sondern auf die tatsächliche Rechtsform an. [4]Dabei ist es unmaßgeblich, ob es sich um eine rechtsfähige oder nichtrechtsfähige Stiftung handelt.

§ 63 Anforderungen an die tatsächliche Geschäftsführung.

Absatz 1: Die tatsächliche Geschäftsführung der Körperschaft muss auf die ausschließliche und unmittelbare Erfüllung der steuerbegünstigten Zwecke gerichtet sein und den Bestimmungen entsprechen, die die Satzung über die Voraussetzungen für Steuervergünstigungen enthält. [...]

Absatz 3: Die Körperschaft hat den Nachweis, dass ihre tatsächliche Geschäftsführung den Erfordernissen des Absatzes 1 entspricht, durch ordnungsmäßige Aufzeichnungen über ihre Einnahmen und Ausgaben zu führen.

Absatz 4: [1]Hat die Körperschaft Mittel angesammelt, ohne dass die Voraussetzungen des § 58 Nr. 6 und 7 vorliegen, kann das Finanzamt ihr eine Frist für die Verwendung der Mittel setzen. [2]Die tatsächliche Geschäftsführung gilt als ordnungsgemäß im Sinne des Absatzes 1, wenn die Körperschaft die Mittel innerhalb der Frist für steuerbegünstigte Zwecke verwendet.

6 Literaturverzeichnis

Abgabenordnung mit Finanzgerichtsordnung und Nebengesetzen. Textausgabe mit ausführlichem Sachverzeichnis und Einführung von Dr. Armin Pahlke. [Umschlagtitel: Steuerverfahrensrecht]. 27. Aufl. Stand 1. 1. 2003. München: Deutscher Taschenbuch Verlag 2003. XII, 545 S.

Aehling, Martin: Investmentfonds. Klug und sinnvoll anlegen. München: Deutscher Taschenbuch Verlag 2004. XVI, 316 S.

Badelt, Christoph (Hrsg.): Handbuch der Nonprofit-Organisation. Strukturen und Management. Unter Mitarbeit von Florian Pomper. 3., überarb. und erw. Auflage. Stuttgart: Schäffer-Poeschel 2002. XXIII, 732 S.

Bankrecht. Textausgabe mit ausführlichem Sachverzeichnis. 25., neubearb. Auflage. München: Deutscher Taschenbuch Verlag 1997. XXXVII, 511 S. [33. Auflage: München 2005]

Bortoluzzi Dubach, Elisa / Frey, Hansrudolf: Sponsoring. Der Leitfaden für die Praxis. 2., aktualisierte Aufl. Bern, Stuttgart, Wien: Haupt 2000. 237 S.

Brockhoff, Klaus: Optimierung der Vermögensanlage einer Stiftung. in: Non profit law yearbook 2002, S. 221 - 234

Buchna, Johannes: Gemeinnützigkeit im Steuerrecht. Die steuerlichen Begünstigungen für Vereine, Stiftungen und andere Körperschaften – steuerliche Spendenbehandlung. 8. Aufl. Achim bei Bremen: Fleischer 2003. 575 S.

Carstensen, Carsten: Vermögensverwaltung, Vermögenserhaltung und Rechnungslegung gemeinnütziger Stiftungen. 2., unveränderte Aufl. Frankfurt am Main [u. a.]: Lang 1996. 322 S.

(Betriebswirtschaftliche Studien Rechnungs- und Finanzwesen, Organisation und Institution; 25)

Carstensen, Carsten: Stiftung. in: Knapps enzyklopädisches Lexikon des Geld-, Bank- und Börsenwesens. 4., völlig neu bearb. Aufl., Frankfurt am Main 1999, Bd. 2, S. 1832 - 1841

Czubatynski, Uwe: Lernen aus der Geschichte? Der Wandel dorfkirchlicher Finanzen am Beispiel einer brandenburgischen Gemeinde. in: ders., Kirchengeschichte und Landesgeschichte. 2., erweiterte Auflage. Nordhausen: Bautz 2005, S. 154 - 160

Deutsche Stiftungen. Mitteilungen des Bundesverbandes Deutscher Stiftungen 1999 ff. (Titel ab 2006: StiftungsWelt)

Eller, Roland: Festverzinsliche Wertpapiere. Varianten, Kennzahlen, Strategien. Wiesbaden: Gabler 1995. 329 S.

Die Errichtung einer Stiftung. 5. Aufl. Berlin: Bundesverband Deutscher Stiftungen 2002. 153 S. (Ratgeber Deutscher Stiftungen; 1) [6. Auflage: Berlin 2004]

Fabisch, Nicole: Fundraising. Spenden, Sponsoring und mehr ... München: Deutscher Taschenbuch Verlag 2002. XVIII, 351 S.

Fehrenbach, Peter: An Investmentfonds verdienen. Chancen, Risiken, Anlagestrategien. 3., aktualisierte Auflage. Freiburg, Berlin, München: Haufe 1997. 446 S.

Fiala, Johannes / Stenger, Peter (Hrsg.): Geldanlagen für Stiftungen und Stifter. Grundlagen – Instrumente – Optimierung. Köln: Bundesanzeiger Verlag 2005. 188 S.

FondsGuide Deutschland 2000. Ratgeber Investmentfonds. Hrsg.: GFA – Gesellschaft für Fondsanalyse mbH. Stuttgart: Schäffer-Poeschel 2000. 947 S. [erscheint jährlich seit 1998]

Haibach, Marita: Fundraising: Spenden, Sponsoring, Stiftungen. Ein Wegweiser für Vereine, Initiativen und andere Nonprofit-Organisationen. 2. Aufl. Frankfurt, New York: Campus 1996. 231 S.

Haibach, Marita: Handbuch Fundraising. Spenden, Sponsoring, Stiftungen in der Praxis. Frankfurt am Main, New York: Campus 1998. 401 S.

Hennerkes, Brun-Hagen / Schiffer, K. Jan: Stiftungsrecht. Gutes tun und Vermögen sichern – privat und im Unternehmen. Überarbeitete Neuausgabe. Frankfurt am Main: Fischer Taschenbuch Verlag; Köln: Carl Heymanns Verlag 2001. 288 S.

Hoch, Walter: Die Kirche und ihr Geld. Glauben und Rechnen im Leben der Kirche. Berlin: Furche-Verlag 1938. 344 S.

Jahresbericht Volkswagenstiftung 2004. Göttingen: Vandenhoeck & Ruprecht 2005. 195 S. m. Abb. [darin S. 187 - 189: weiterführende Literaturangaben]

Katholing, Matthias: Zur Messung und Beurteilung der Performance deutscher Rentenfonds. Erlangen 1996. XIV, 192 S., S. XV - XLVII m. Abb. (Univ. Erlangen-Nürnberg, Diss. 1996)

Kirchengesetz über die Verwaltung des Vermögens und die Aufsicht in Finanzangelegenheiten (Vermögensgesetz). in: Kirchliches Amtsblatt der Evangelischen Kirche in Berlin-Brandenburg 1998, S. 14 - 20

Klein, Armin: Kultur-Marketing. Das Marketingkonzept für Kulturbetriebe. 2., aktualisierte Auflage. München: Deutscher Taschenbuch Verlag 2005. VII, 536 S.

Koss, Claus: Das Rechnungswesen einer Stiftung. Berlin: Bundesverband Deutscher Stiftungen 2004. 65 S. (Ratgeber Deutscher Stiftungen; 4)

Lehmann, Dieter: Risiken- und Chancenstreuung. Vermögensanlage am Beispiel der VolkswagenStiftung. in: Deutsche Stiftungen. Mitteilungen des Bundesverbandes Deutscher Stiftungen 2003 H. 3, S. 47 - 48

Menges, Evelyne: Gemeinnützige Einrichtungen. Nonprofit-Organisationen gründen, führen und optimieren. 1. Aufl. München: Deutscher Taschenbuch Verlag 2004. XXXI, 293 S.

Mitteilungen des Vereins für Geschichte der Prignitz 1 (2001) - 6 (2006) ff. Auch als elektronische Ressource: http://deposit.ddb.de/cgi-bin/dokserv?idn=975935216

Ott, Sieghart: Vereine gründen und erfolgreich führen. Satzung, Versammlungen, Haftung, Gemeinnützigkeit. 10., überarb. Aufl. München: Deutscher Taschenbuch Verlag 2005. XXI, 278 S.

Richtlinien für die Anlage des Kapitalvermögens in der Evangelischen Kirche Berlin-Brandenburg. in: Kirchliches Amtsblatt der Evangelischen Kirche in Berlin-Brandenburg 2002, S. 7 - 8

Sauer, Otto / Luger, Franz: Vereine und Steuern. Rechnungslegung, Besteuerungsverfahren, Gemeinnützigkeit. 5., völlig überarb. und erw. Aufl. München: Deutscher Taschenbuch Verlag 2004. XXIII, 282 S.

Schauhoff, Stephan (Hrsg.): Handbuch der Gemeinnützigkeit. Verein, Stiftung, GmbH. Recht, Steuern, Personal. 2. Auflage. München: Beck 2005. LXIX, 1146 S.

Scheibe-Jaeger, Angela: Finanzierungs-Handbuch für Non-Profit-Organisationen. Fundraising – der Weg zu neuen Geldquellen. 2., aktualisierte Aufl. Regensburg [u. a.]: Walhalla-Fachverlag 1998. 200 S. m. Abb.

Sieper, Hartmut: Geldanlage professionell. Aktualisierte Ausgabe. Wiesbaden: Gabler 1991. 343 S.

Sillescu, Daniel: Was bieten Direktbanken? Kontoführung per Telefon oder PC. München: Deutscher Taschenbuch Verlag 1997. XII, 164 S.

Sparen und Geldanlage. Hrsg.: Verbraucher-Zentrale Nordrhein-Westfalen e. V. Text: Thomas Bieler. 1. Auflage. Düsseldorf [u. a.] 1993. 236 S.

Spiegel, Harald: Die Bestandserhaltung des Stiftungsvermögens im Rahmen der Rechnungslegung. in: Stiftung & Sponsoring 2000 H. 3, Beilage Die Roten Seiten. 15 S.

Stiftung & Sponsoring. Das Magazin für Non-Profit-Management und -Marketing 1998 ff.

Stiftungsgesetz für das Land Brandenburg (StiftGBbg) vom 20. April 2004. in: Gesetz- und Verordnungsblatt für das Land Brandenburg Teil I, Nr. 7 vom 23. April 2004, S. 150 ff.

Urselmann, Michael: Fundraising. Erfolgreiche Strategien führender Nonprofit-Organisationen. 2., erw. Aufl. Bern, Stuttgart, Wien: Haupt 1999. 225 S. m. 29 Abb.

Wallenhorst, Rolf / Halaczinsky, Raymond: Die Besteuerung gemeinnütziger Vereine, Stiftungen und der juristischen Personen des öffentlichen Rechts. 5., völlig neu bearb. Auflage. München: Vahlen 2004. XXXV, 906 S.

Weisensee, Ulrich: Festverzinsliche Wertpapiere. Geldverdienen mit Renten. 2., aktualisierte Auflage. Freiburg i. Br.: Haufe 1993. 343 S.

Werner, Olaf: Verein. Das Buch zur Fernsehserie ARD-Ratgeber Recht. München: Deutscher Taschenbuch Verlag 2000. 240 S. (2. Aufl. 2003. 262 S.)